FRANÇAIS
CM2

Jean-Michel Weber

Conception éditoriale et graphique : Véronique Schwab - Acquansù
Mise en page : Ici & ailleurs
Illustrations : Karen Laborie
Conception et réalisation de la couverture : Sarbacane ; Grégoire Bourdin
Illustration de couverture : Laurent Audouin

© **HATIER PARIS 2005 - ISBN 2-218-75017-1**

Toute représentation, traduction, adaptation ou reproduction même partielle, par tous procédés, en tous pays, faite sans autorisation préalable, est illicite et exposerait le contrevenant à des poursuites judiciaires.
Réf. : loi du 11 mars 1957, alinéas 2 et 3 de l'article 41. Une représentation ou reproduction sans autorisation de l'éditeur ou du Centre français d'exploitation du droit de Copie (20, rue des Grands-Augustins, 75006 Paris) constituerait une contrefaçon sanctionnée par les articles 425 et suivants du Code pénal.

Tremplin
FRANÇAIS CM2

Sommaire

Le verbe : grammaire, conjugaison, orthographe

1. Reconnaître le verbe
2. L'accord du verbe avec le sujet
3. La fonction attribut du sujet
4. Compléments essentiels et compléments non essentiels
5. Le complément d'objet direct (COD)
6. Le complément d'objet indirect (COI)
7. Les compléments circonstanciels
8. Les propositions subordonnées conjonctives
9. L'adverbe
10. La conjugaison du verbe
11. Le présent de l'indicatif
12. Le futur simple de l'indicatif
13. L'imparfait de l'indicatif
14. Le passé simple
15. Les verbes être et avoir, auxiliaires de conjugaison
16. Les temps composés de l'indicatif
17. Le passé composé
18. Le passé composé formé avec l'auxiliaire avoir
19. Le passé composé formé avec l'auxiliaire être
20. Le présent du conditionnel
21. Le présent du subjonctif
22. Participe passé en -é ou infinitif en -er ?
23. *Jeux et tests sur les verbes*

Le nom : grammaire, orthographe

24. Reconnaître le nom
25. Le genre des noms
26. Le nombre des noms
27. Déterminants du nom : les articles
28. Des adjectifs déterminants du nom
29. Les adjectifs qualificatifs
30. Les accords dans le groupe nominal
31. Le complément du nom
32. La proposition subordonnée relative
33. *Jeux et tests sur les noms*

La grammaire dans le texte

34. Les types de phrases
35. La forme négative
36. La ponctuation
37. Forme active et forme passive
38. Les propositions indépendantes
39. Phrase simple et phrase complexe
40. L'analyse grammaticale
41. Repérer les indications de temps
42. Repérer les indications de lieu
43. Repérer les substituts du nom
44. Phrases et types de textes
45. *Jeux et tests de grammaire*
46. *Jeux et tests sur les textes*

Vocabulaire et orthographe lexicale

47. Le dictionnaire
48. Les sens d'un mot
49. Sens propre et sens figuré
50. Distinguer ou / où, quel(s) / quelle(s) / qu'elle(s)
51. Distinguer c'est / s'est / ces / ses
52. Distinguer la / là / l'a / l'as, ma / m'a / m'as, ta / t'a
53. Radical, préfixe, suffixe
54. Étymologie et familles de mots
55. Les lettres finales muettes
56. Synonymes et antonymes
57. Les homonymes
58. Les niveaux de langue
59. *Jeux et tests d'orthographe*
60. *Jeux et tests sur les mots*

Évaluation

Les corrigés se trouvent dans le fascicule détachable situé au centre du cahier.

1 Reconnaître le verbe

Je révise et je retiens

Le verbe est le mot de la phrase qui indique **l'action** accomplie par le sujet (verbe d'action) ou **l'état** dans lequel il se trouve (verbe d'état).

    Un homme **vient**. → **action** de venir   Mon chien **est** gentil. → **état** du sujet
   sujet   verbe   sujet   verbe

Le verbe est le seul élément de la phrase qui **porte la marque** de la **personne** et du **temps** employés.

    Ils part**aient**. → **aient** est la marque de la 3ᵉ personne du pluriel au passé, à l'imparfait.

Quand il n'est pas conjugué, le verbe est à l'**infinitif** : arriv**er** – fin**ir** – part**ir** – mord**re** – êt**re**.

Je m'exerce

1 Entoure les bonnes réponses et barre les autres.
- Demain, tu courais / **courras** le cent mètres.
- Hier, nous **changions** / changeons / changerons d'itinéraire.
- Maintenant, elles sortaient / **sortent** / sortiront au cinéma.
- Lundi dernier, je **baillais** / baille / baillerai aux corneilles.
- La prochaine fois, vous finissiez / finissez / **finirez** plus vite.
- Quand tu le frappes, l'animal devenait / **devient** / deviendra peureux.

2 Écris les renseignements donnés par les terminaisons surlignées.

travaill**aient** → 3ᵉ personne du pluriel (ils/elles), imparfait.

saut**iez** → _____

fleur**issent** → _____

descen**d** → _____

3 Surligne les verbes conjugués du texte, puis recopie-les et donne leur infinitif. Pour les trouver, change le temps de la phrase. Le seul mot qui varie est le verbe.

À la préhistoire, les hommes **vivaient** dans des abris sous roches car ils n'avaient pas le temps de s'installer. Il fallait sans cesse suivre le mouvement des animaux sauvages. Il y a peu encore, dans certaines régions, les bergers et une partie de leur famille transhumaient en montagne et passaient quelques mois d'été en altitude avec les troupeaux d'animaux domestiques.

vivaient → vivre   _____ → _____

_____ → _____   _____ → _____

_____ → _____   _____ → _____

L'accord du verbe avec le sujet — 2

Je révise et je retiens

Dans la phrase, le verbe **s'accorde toujours avec le sujet.** Le sujet est celui qui fait l'action de la phrase ou est dans l'état décrit par le verbe.
Pour trouver le sujet et pouvoir accorder le verbe, il faut se poser la question : **qui est-ce qui**… suivie du verbe de la phrase et des différents compléments.

Les voitures roulent vite.   **Qui est-ce qui roule vite ?**   **Ce sont les voitures.**
sujet

On peut alors faire l'accord → **Les voitures roul**ent **vite.**
Elles

Je m'exerce

1 Relie chaque groupe nominal (GN) au pronom qui convient.

Groupe nominal	Pronom
le cahier bleu •	
les boulevards •	• elle
des bibliothèques •	• il
la facture d'eau •	• elles
les travaux ménagers •	• ils
la fille du voisin •	

2 Remplace le sujet surligné par le pronom qui convient, puis réécris la phrase en accordant correctement le verbe entre parenthèses.

Le poney (gambader) → Il gambad**e**.
Les juments (galoper) → Elles galop**ent**.

Toute la classe (se promener)
→ _____

Les parents (surveiller)
→ _____

Un étourdi (se perdre)
→ _____

3 Dans chaque phrase, souligne le sujet en bleu et le verbe en rouge.

Dans le jardin, les abeilles butineront les fleurs du matin au soir, sans arrêt.
Derrière ces magnifiques nuages rosés se cachait un beau soleil.
Dominique est un nom masculin ou féminin.
Aujourd'hui, l'équipe de handball ne paraît pas en forme.
On a fermé l'école le 29 juin cette année.

4 Écris l'infinitif des verbes de l'exercice précédent.

_____
_____

3 La fonction attribut du sujet

Je révise et je retiens

L'attribut du sujet est **toujours introduit par un verbe d'état**. Il donne des informations sur le sujet et s'accorde en genre (masculin / féminin) et en nombre (singulier / pluriel) avec lui.
L'attribut peut être :
- un adjectif qualificatif → **L'équipe paraît forte.**
- un nom propre ou commun → **C'est André.   Mon frère deviendra maçon.**
- un groupe nominal → **Cet enfant semble un sacré numéro.**
- un pronom → **C'est lui !**

Les principaux verbes d'état (ou verbes attributifs) sont :
être, paraître, devenir, demeurer, rester, sembler.

Je m'exerce

1 Complète chaque phrase par l'attribut proposé entre parenthèses. Attention aux accords !
- (un bel animal) Les chèvres sont _____.
- (violent) Le vent et la pluie demeurent _____.

2 Réécris au pluriel les phrases suivantes.
- Cet homme paraît affamé et dangereux.
Ces hommes _____.
- La journée sera chaude et étouffante.
Les journées _____.

3 Dans le texte suivant, entoure les sept verbes d'état et souligne les attributs.

Le paysage était merveilleux. Il semblait irréel. Moi-même, j'étais ébloui ! Le ciel rougeoyant paraissait un tableau impressionniste, les arbres géants donnaient du relief à cette toile changeante. Nous devenions de petites choses au milieu de l'univers. Qui peut créer de telles beautés ? C'est Kwaê, d'après les habitants de cet étrange pays. Pour sûr, c'était lui !

4 Classe dans le tableau les attributs de l'exercice 3 que tu as soulignés.

Adjectifs qualificatifs	Noms propres ou communs	Groupes nominaux	Pronoms

Compléments essentiels et compléments non essentiels — 4

Je révise et je retiens

• Les compléments essentiels font partie du groupe verbal : on ne peut ni les déplacer ni les supprimer sans modifier le sens de la phrase.
L'eau du lac réfléchit mon image. → **mon image** ne peut être ni déplacé ni supprimé.

• Les compléments non essentiels peuvent être déplacés ou supprimés sans que cela change le sens de la phrase : ils lui apportent simplement une précision.
À huit heures, ils mangent. ↔ **Ils mangent à huit heures.** ↔ **Ils mangent.**

Je m'exerce

1 Réécris les phrases en changeant les compléments non essentiels de place.

Ils se déplacent la nuit. → La nuit, ils se déplacent.

Mon frère joue dans sa chambre. → _____.

Il a bien travaillé cette année. → _____.

2 Souligne les compléments essentiels, puis relie-les à la question à laquelle ils répondent.

Elle admire les vallées. • • qui ? quoi ? • • Tu parles de Bernard.

On se moque de moi. • • de qui ? de quoi ? • • Il voit des fantômes.

3 Souligne les compléments non essentiels, puis relie-les à la question à laquelle ils répondent.

Après manger, il sort. • • où ? • • Fred va à Montsalvy.

• comment ? •

Il roule prudemment. • • quand ? • • Maman arrive demain.

4 Classe les compléments surlignés en inscrivant leur lettre dans le tableau.

Cet été, je ferai de la plongée sous-marine. Je découvrirai sous l'eau des choses magnifiques.
a   b   c   d

Des épaves apparaîtront sous mes yeux, des trésors se révéleront à moi. Bientôt, j'irai là-bas.
                        e   f   g   h

Compléments essentiels	Compléments non essentiels

5 Réécris ce texte de l'exercice 4 en supprimant les compléments non essentiels.

_____

_____

5 Le complément d'objet direct (COD)

Je révise et je retiens

Le complément d'objet direct (COD) est un **complément essentiel** du groupe verbal : il ne peut être ni déplacé, ni supprimé sans changer le sens de la phrase.

Jacques sort la poubelle. n'a pas le même sens que **Jacques sort.**

Le COD est placé à côté du verbe. Il répond aux questions **qui ? quoi ?.** Il peut être :
- un nom propre → **Je salue Véronique.**
- un pronom → **Je la salue.**
- un groupe nominal → **Je salue ma cousine germaine.**
- un verbe à l'infinitif → **Il pense venir.**
- une proposition → **J'ai cru que tu étais seul.**

Fais attention, on ne trouve **jamais de COD après un verbe d'état**, mais un attribut.

Je m'exerce

1 Mets une croix dans la bonne case du tableau.

	COD	Attribut du sujet	Complément non essentiel
J'ai renversé ma soupe.			
Ce steak est tendre.			
Hier, mon frère a acheté une voiture.			
Sylvie n'aime pas ma musique			
Les vacances se terminent ce soir.			

2 Remplace le groupe nominal COD par le pronom COD qui convient : **le, la, l'** ou **les.**

J'entends les sirènes. → Je les entends.

Marie mange sa pomme. → Marie _____ mange.

Papa accroche un portemanteau. → Papa _____ accroche.

Fais tes devoirs ! → Fais-_____ !

Mon ami me donne ce cadeau. → Mon ami me _____ donne.

3 Souligne dans le texte tous les COD.

Pour la première fois de ma vie, j'ai pris le bateau.

C'était un ancien et beau bateau, je l'ai vu tout de suite.

Nous avons eu une mer très calme.

Je n'oublierai jamais que tu m'as fait naviguer.

Le complément d'objet indirect (COI) — 6

Je révise et je retiens

Le complément d'objet indirect est un **complément essentiel** du groupe verbal. Comme le COD, il ne peut être ni déplacé ni supprimé sans modifier le sens de la phrase.
Il est séparé du verbe par une **préposition** (à, de) ou un **article contracté** (du, des, au, aux).
Le COI peut être :
- un nom propre → Je parle **à Michel**.
- un pronom → Maman pense **à moi**.
- un groupe nominal → Je discute **de ma performance**.
- un verbe à l'infinitif → Il songe **à rentrer**.
- une proposition → Tu réfléchiras **à ce que tu as dit**.

Attention à ne pas confondre le COI, qui complète un **verbe**, avec un complément du nom (CN), qui complète un **nom** (voir fiche 31).

Je parle de mon frère.   **le ballon de mon frère**
verbe   COI   nom   CN

Je m'exerce

1 Souligne le COI dans les expressions suivantes puis écris sa nature : nom, pronom, GN, verbe à l'infinitif ou proposition.

Remettez-vous à travailler.
nature : _____

Qui se moque ouvertement de lui ?
nature : _____

Penses-tu à ce qu'il dira ?
nature : _____

Il ne participe pas au tournoi.
nature : _____

Ils parlent de littérature.
nature : _____

Ce livre appartient à mon meilleur ami.
nature : _____

Il s'occupe de Louis.
nature : _____

Prends garde à ce qui arrivera.
nature : _____

2 Relie chaque phrase à l'étiquette qui convient selon le type de complément qu'elle contient.

Je tiens beaucoup à mes affaires. •
Il gâche toutes ses chances. •
Papa sourit à ma sœur. •   • COD
Antoine écrit une longue lettre. •
Je parle de mon match. •   • COI
Je montre mon dessin. •
Souviens-toi de ce que tu m'as dit. •

3 Entoure le mot complété par l'expression surlignée, puis indique si l'expression surlignée est un COI ou un CN.

J'ai un four **à pain**. _____
Tu possèdes une pelote **de laine**. _____
Je remplis le sac **de pain**. _____
Le matelas contient **de la laine**. _____
Il cherche une paire **de gants**. _____
Ils discutent **de gants**. _____

7 Les compléments circonstanciels

Je révise et je retiens

Les compléments circonstanciels indiquent les circonstances de la phrase :
- **Où** cela se passe t-il ? → complément circonstanciel de **lieu** (CCL)
- **Quand** cela se passe t-il ? → complément circonstanciel de **temps** (CCT)
- **Comment** cela se passe t-il ? → complément circonstanciel de **manière** (CCM)

Il y a dix ans, je montais **régulièrement** dans la montagne.
    CCT   CCM   CCL

Les compléments circonstanciels ne sont pas des compléments essentiels : ils peuvent être supprimés ou déplacés sans modifier le sens de la phrase.
Le complément circonstanciel peut être :
- un adverbe → **souvent**, **demain**
- un groupe nominal introduit par une préposition (**GNP**) → **à l'occasion**, **avec plaisir**
- une proposition → **quand tu le souhaites**

Je m'exerce

1 Recopie les phrases en déplaçant le complément circonstanciel surligné, puis indique son nom (CCL, CCT ou CCM) et sa nature (adverbe, GNP ou proposition).

À la tombée de la nuit, les hiboux chassent. → Les hiboux chassent à la tombée de la nuit.
                                                                                                             CCT / GNP

Les brebis dorment dans les champs. → _____

Quand il pleut, elles s'abritent. → _____

Lentement, le troupeau se réveille. → _____

2 Entoure la bonne réponse.

Ce soir, télé !	CCL	CCT	CCM	Rentrez à la maison.	CCL	CCT	CCM
Il participe sans passion.	CCL	CCT	CCM	Je réussis lorsque je réfléchis.	CCL	CCT	CCM

3 Transforme chaque GNP en adverbe et réécris la phrase.

(avec grâce) → **Elle danse gracieusement.**
   GNP   adverbe

(avec naturel) → Les gens s'expriment _____.

(avec gentillesse) → Ils nous reçoivent _____.

(avec courage) → Pierre escalade la paroi _____.

Les propositions subordonnées conjonctives — 8

Je révise et je retiens

Une proposition subordonnée conjonctive (ou complétive) n'a pas de sens quand on la prend seule : elle complète **le verbe** d'une autre proposition. Elle est introduite par une conjonction de subordination : **que** ou **qu'**.

Marine pense que tu es fatigué.
verbe — proposition subordonnée conjonctive

Tu ne dois pas confondre la proposition subordonnée **conjonctive**, qui complète un **verbe**, avec une proposition subordonnée **relative**, qui complète un **nom** (voir fiche 32).

Je m'exerce

1 Souligne dans chaque phrase la proposition subordonnée conjonctive après avoir entouré la conjonction de subordination.

Je souhaite que tu viennes me voir plus souvent.

Tu aimerais bien qu'il te donne son tonus.

Il croit qu'on peut m'avoir de la sorte.

Je ne veux pas que tu te fatigues trop.

2 Remplace les COD de chaque phrase par une proposition subordonnée conjonctive.

J'espère sa présence.
→ J'espère qu'il sera présent.

Ils souhaitent ton avis.
→ _____.

Tu attends son appel.
→ _____.

Elle craint ton absence.
→ _____.

3 Relève le numéro des phrases comportant une proposition subordonnée conjonctive.

1. Je préfère ta chemise et je pense qu'elle coûte moins cher.
2. Quand tu travailleras, tu t'achèteras tout ce que tu voudras.
3. Je pense beaucoup au très beau cadeau que ma marraine m'a fait et qui m'a étonné.
4. Comme vous pouvez vous en douter, je souhaite que mes enfants réussissent leur vie.

Les phrases comportant une proposition subordonnée conjonctive sont les phrases n° : _____.

9 L'adverbe

Je révise et je retiens

L'adverbe est un mot **invariable** qui peut ajouter une précision à :
- un verbe → **Je comprends vite**.
- un adjectif ou un participe passé → **Il fait très sombre**. **Il est bien tombé**.
- un autre adverbe → **Il court très rapidement**.
- une proposition → **Normalement, je suis calme**.

Les **locutions adverbiales** sont des adverbes formés de plusieurs mots :
tout à coup – là bas – peut-être – ne… pas – ne… plus – ne… jamais.

Attention, certains adjectifs qualificatifs peuvent parfois être employés comme adverbes. Dans ce cas, ils ne s'accordent pas.
Il parle haut et fort.   **Elle parle haut et fort.**   **Elles parlent haut et fort.**

Je m'exerce

1 Transforme les adjectifs qualificatifs en adverbes comme dans l'exemple.

vrai → vraiment   timide → _____
violent → _____   méchant → _____
courant → _____   franc → _____

2 Surligne tous les adverbes du texte puis classe-les dans le tableau.

Je m'étais mis en route très tôt. Lentement, je grimpais le long de la falaise. Précautionneusement, je cherchais mes prises : ici une faille, là un petit rocher saillant. Le sommet paraissait bien loin ! Parfois, mon pied glissait. Mais souvent, j'avançais beaucoup. Je serais tellement fier si j'arrivais au sommet !

Adverbe de lieu	Adverbe de temps	Adverbe de manière	Adverbe de quantité

3 Entoure les adverbes ou locutions adverbiales et barre les intrus.

fortement – bientôt – vêtement – pour – bien sûr – sûrement – événement – énervement – ronflement – bassement – déjà – pourrissement – soubassement – peut-être

4 Écris les expressions proposées. Attention aux adjectifs employés comme adverbes.

(net) une terrasse _____.   (net) Ils s'arrêtent _____.
(droit) La rue est _____.   (droit) Elle file _____ dans l'eau.

La conjugaison du verbe   10

Je révise et je retiens

Le verbe est formé d'un radical et d'une terminaison qui varie avec la personne et le temps de conjugaison. Quand le radical se présente de façon identique à toutes les personnes et tous les temps de la conjugaison, le verbe est régulier.

| je chante | tu chantes | il (elle) chante |
| nous chantons | vous chantez | ils (elles) chantent |

Les verbes du 1er groupe (verbes en –er sauf aller) et les verbes du 2e groupe (se conjuguant comme finir) sont des verbes réguliers. Tous les autres verbes constituent le 3e groupe et présentent des conjugaisons irrégulières.

Certains verbes peuvent être mis à la forme pronominale. Ils sont alors précédés d'un pronom.

s'amuser   je m' amuse   tu t' amuses   il (elle) s' amuse
         nous nous amusons   vous vous amusez   ils (elles) s' amusent

Quand il n'est pas conjugué, le verbe est à l'infinitif.
  chanter   rougir   ouvrir   prendre   être   avoir

Je m'exerce

1 **Relie chaque phrase à l'adverbe de temps qui convient.**

Martin partit. •
Les animaux se sauveront. •   • hier
Tu as de la fièvre. •   • aujourd'hui
Ils auront chaud. •   • demain
J'avais été rapide. •

2 **Conjugue le verbe se nourrir (forme pronominale).**

je _____   nous _____
tu _____   vous _____
il _____   ils _____

3 **Réécris chaque phrase en changeant le sujet et en conservant le temps de conjugaison.**

Je gagne la partie.   Nous _____.
Tu finissais ton travail. Vous _____.
Il se promènera à Lyon.   Ils _____.
Nous fleurirons le jardin. Je _____.

11 Le présent de l'indicatif

Je révise et je retiens

Le présent de l'indicatif indique :
- l'action que le sujet accomplit ou l'état dans lequel il se trouve au moment où l'on parle :
  Maintenant, je lis l'énoncé.
- une action qui se répète, un événement habituel :
  Tous les dimanches, je marche une heure.

Les terminaisons du 1er groupe sont **–e**, **–es**, **–e**, **–ons**, **–ez**, **–ont**.
- Les verbes qui se terminent par **–ger** prennent un **e** avant la terminaison de la 1re personne du pluriel : **nous mangeons**.
- Les verbes qui se terminent par **–eler** ou **–eter** doublent leur consonne lorsque, en les conjuguant, tu entends le son changer : **jeter → je jette**. Les verbes **acheter**, **geler** et **peler**, eux, prennent un accent grave : **j'achète**, **tu pèles**, **il gèle**.
- Les verbes qui se terminent par **–cer** prennent un **ç** à la 1re personne du pluriel : **nous avançons**.

Les verbes qui se terminent par **–guer** gardent leur **u** même lorsqu'il n'est pas nécessaire pour conserver le son du radical : **nous conjuguons**.

Les terminaisons du 2e groupe sont **–is**, **-is**, **-it**, **-issons**, **-issez**, **-issent**.

Les terminaisons du 3e groupe sont variées et doivent être apprises.

Je m'exerce

1 Complète le tableau.

	tu	nous	ils
nager			
bouger			

3 Complète le tableau.

	tu	nous	vous
grincer			
voguer			

2 Complète les phrases avec les verbes entre parenthèses.

(ensorceler) Les sorcières nous _____.
(jeter) Tu _____ un papier.
(acheter) Il _____ un livre.
(appeler) Nous _____ Damien.
(peler) Mathieu _____ une pomme.
(atteler) J'_____ le mulet.
(déceler) Vous _____ de la lumière.

4 Complète le verbe de chaque phrase.
- Tu pli____ cette feuille.
- Le cheval franchi____ l'obstacle.
- J'oubli____ mon devoir.
- Il choisi____ un tricot.
- Je t'en pri____.
- La fumée noirci____ le mur.
- Tu fui____ le danger.
- Le lion rugi____.

Le futur simple de l'indicatif   12

Je révise et je retiens

Le futur simple de l'indicatif décrit un événement futur qui aura lieu de façon certaine.
Ce soir, tu feras tes devoirs.

Pour les trois groupes de conjugaison, les terminaisons sont : **-ai, -as, -a, -ons, -ez, -ont**.

- Pour les 1er et 2e groupes, tu ajoutes simplement les terminaisons au verbe pris à l'infinitif.
  jouer → je jouerai   crier → tu crieras   nourrir → il nourrira

- Pour les verbes du 3e groupe, les irrégularités viennent des changements du radical.
  partir → je partirai   courir → il courra   mordre → vous mordrez

Je m'exerce

1 **Réécris ce texte au futur simple.**

La semaine dernière, j'ai passé la journée au musée pendant que tu dormais. J'ai vu une exposition d'objets de l'Âge du fer. Elle était très intéressante. Les gens se promenaient émerveillés par le travail de nos ancêtres alors que je m'attardais sur une extraordinaire maquette de village préhistorique.

La semaine prochaine, _____

_____

_____

_____

_____

2 **Complète le tableau de conjugaison des verbes être et avoir au futur.**

	je / j'	tu	vous	ils / elle
avoir				
être				

3 **Complète les phrases en mettant le verbe proposé entre parenthèses au futur simple.**

- (parcourir) Je _____ la campagne.
- (ouvrir) Tu _____ ton livre.
- (mourir) Il _____ à cent ans.
- (nourrir) Nous _____ l'oisillon.

13 L'imparfait de l'indicatif

Je révise et je retiens

L'imparfait de l'indicatif est un temps du passé. Il permet de raconter une action qui a duré, de faire une description ou de parler d'habitudes du passé.

Tu dormais depuis longtemps. **Les feuilles mortes tapissaient le sol.**
Tous les jeudis, il mangeait chez sa grand-mère.

Dans les récits, l'imparfait est souvent employé associé au passé simple.

• Les verbes du 1ᵉʳ groupe comme **porter** prennent à l'imparfait les terminaisons suivantes :
je portais   tu portais   il portait   nous portions   vous portiez   ils portaient

Cette règle ne varie jamais, même si le résultat te semble parfois un peu étrange :
crier → nous criions   **se noyer → vous vous noyiez**

• Les verbes du 2ᵉ groupe comme **finir** prennent à l'imparfait les terminaisons suivantes :
je finissais   tu finissais   il finissait   nous finissions   vous finissiez   ils finissaient

• Les verbes du 3ᵉ groupe prennent les mêmes terminaisons que les verbes du 1ᵉʳ groupe, mais leur radical varie de façon irrégulière.

Je m'exerce

1 Mets les phrases suivantes à l'imparfait.

Je mange puis tu m'appelles. → Auparavant, _____.
Il regarde ce que nous portons. → Auparavant, _____.
Vous sonnez et ils descendent. → Auparavant, _____.

2 Passe de la personne du singulier à la personne du pluriel qui correspond.

Tu parlais → Vous parliez   Tu triais → _____
Je balayais → _____   Je bâillais → _____

3 Complète les conjugaisons des verbes **avoir** et **être** à l'imparfait.

	avoir	être
j'		
tu		
il / elle		
nous		
vous		
ils / elles		

Le passé simple 14

Je révise et je retiens

Le passé simple est un passé de l'indicatif. Il est souvent utilisé dans les récits.
Ils vécurent heureux et eurent beaucoup d'enfants.
En opposition à l'imparfait, il décrit une action soudaine ou un état que l'on ressent tout à coup.
Il cherchait depuis des heures quand enfin il trouva.

1er groupe : **passer** → je pass**ai**   tu pass**as**   il (elle) pass**a**
nous pass**âmes**   vous pass**âtes**   ils (elles) pass**èrent**

2e groupe : **finir** → je fin**is**   tu fin**is**   il (elle) fin**it**
nous fin**îmes**   vous fin**îtes**   ils (elles) fin**irent**

Les 1re et 2e personnes du pluriel sont aujourd'hui très peu employées.

Je m'exerce

1 Complète chaque phrase avec les verbes proposés entre parenthèses, en mettant le premier à l'imparfait et le second au passé simple.

- (marcher/tomber) Je _____ tranquillement quand, tout à coup, je _____.
- (courir/trébucher) Tu _____ vers notre maison quand, soudain, tu _____.
- (résister/défaillir) Ils _____ au malaise mais, après cinq minutes, ils _____.

2 Complète les cases vides comme dans l'exemple.

Verbe à l'imparfait	Verbe au passé simple
je jouais	je jouai
	tu pris
il portait	
	nous fûmes
vous fleurissiez	
	ils eurent

3 Retrouve la conjugaison au passé simple de ces verbes du 3e groupe, à l'aide de ce que tu as pu lire ou entendre.

(sourire) Je _____
(croire) Tu _____
(tendre) Il _____
(sortir) Nous _____

15 Les verbes être et avoir, auxiliaires de conjugaison

Je révise et je retiens

Les verbes **être** et **avoir** ne sont pas seulement utilisés pour leur sens : on les emploie pour former les temps composés de l'indicatif. Ils deviennent auxiliaires de conjugaison.
Ils se conjuguent à un temps donné alors que le verbe est mis au participe passé.

Samedi, tu es parti vers trois heures. → verbe partir au **passé composé**

- **es** : auxiliaire au présent
- **parti** : verbe au participe passé

Je m'exerce

1 Mets l'auxiliaire au temps demandé, tu obtiendras le temps composé indiqué entre parenthèses.

- **être** au présent → Tu _____ **rentré** tard. (**rentrer** au passé composé)
- **avoir** au présent → Ils _____ **couru** très vite. (**courir** au passé composé)
- **être** à l'imparfait → J'_____ **tombé** sur le dos. (**tomber** au plus-que-parfait)
- **avoir** à l'imparfait → Vous _____ **pris** des notes. (**prendre** au plus-que-parfait)
- **être** au futur simple → Nous _____ **allés** à Florence. (**aller** au futur antérieur)
- **avoir** au futur simple → Il _____ **compris** l'exercice. (**comprendre** au futur antérieur)
- **être** au passé simple → Nous _____ **partis** très tôt. (**partir** au passé antérieur)
- **avoir** au passé simple → Ils _____ **mangé**. (**manger** au passé antérieur)

2 Dans chaque phrase, surligne ou entoure la conjugaison complète, puis souligne l'auxiliaire. Indique son infinitif et le temps auquel il est mis.

Ils **ont vu** une éclipse. → auxiliaire avoir au présent

Demain, nous serons poursuivis. → _____

Hier, vous aviez perdu votre chemin. → _____

As-tu aperçu Robert ? → _____

3 Entoure dans le texte les verbes **être** et **avoir** employés comme auxiliaires.

J'ai faim ! Toi, tu as mangé ce matin et les autres ont déjeuné plus tard. Moi, comme tout le monde l'a remarqué, je n'ai pas touché la moindre tartine. Je suis au régime et j'aurai cette fois le courage que je n'ai pas eu la dernière fois. Un fruit, un laitage allégé et c'est parti pour un petit footing !

Les temps composés de l'indicatif — 16

Je révise et je retiens

Les quatre temps simples de l'indicatif permettent de former les quatre temps composés. Pour cela, tu conjugues l'auxiliaire au temps simple et tu mets le verbe au participe passé.
Il faut bien te rappeler la formation des différents temps composés :

- auxiliaire au **présent** + verbe au participe passé → verbe au **passé composé**, j'**ai** chanté
- auxiliaire à l'**imparfait** + verbe au participe passé → verbe au **plus-que-parfait**, j'**avais** chanté
- auxiliaire au **passé simple** + verbe au participe passé → verbe au **passé antérieur**, j'**eus** chanté
- auxiliaire au **futur simple** + verbe au participe passé → verbe au **futur antérieur** j'**aurai** chanté

Je m'exerce

1 Indique à côté de chaque phrase le temps de conjugaison du verbe.
- Je serai parti à cette heure-là ! → _____
- Il avait su tout cela avant toi. → _____
- Il fut tombé de haut. → _____

2 Complète ce tableau de la conjugaison du verbe *être* aux temps composés de l'indicatif.

	Personne	Auxiliaire	Participe passé
Passé composé	j'	ai	été
	vous		
Plus-que-parfait	il	avait	
	nous		
Passé antérieur	tu		
	elles		
Futur antérieur	j'		
	nous		

3 Mets les phrases au temps demandé.
- Je cours assez longtemps. passé composé → _____.
- Il s'abîme le coude. plus-que-parfait → _____.
- Nous comprenons. futur antérieur → _____.

17 Le passé composé

Je révise et je retiens

Le passé composé est un temps du passé. Il sert à rapporter le résultat d'un événement qui vient de se dérouler.

Ce matin, il est parti au travail.

Il peut aussi être utilisé, lorsqu'on raconte une histoire, pour parler d'un événement passé et terminé.

L'année dernière, elle est allée deux jours aux États-Unis.

Le passé composé fait partie des temps composés de l'indicatif. On a besoin d'un **auxiliaire** pour le former.

passé composé = verbe avoir ou verbe être au présent + participe passé du verbe
Autrefois, nous avons travaillé ensemble. Depuis, nous sommes restés amis.

Je m'exerce

1 Écris les phrases suivantes au passé composé.

Je sors de chez moi. → _____ .

Il dort longtemps. → _____ .

Nous voyons la mer. → _____ .

2 Surligne ou entoure dans le texte les expressions au passé composé, puis classe-les dans le tableau. Regarde bien leur auxiliaire qui doit être au présent.

Dernièrement, nous sommes allés à la pêche avec mon père. Il avait une canne très longue et légère. Moi, j'ai eu la plus lourde. Mon frère a passé son temps à démêler son fil. Papa et lui sont rentrés bredouilles. Moi, je suis sorti vainqueur avec un goujon de trois centimètres de long !

conjugué avec être	conjugué avec avoir	infinitif du verbe conjugué

3 Réponds aux questions suivantes.

- Par quelle lettre se termine le participe passé des verbes du 1er groupe ? ____ du 2e groupe ? ____
- Par quelle lettre se terminent les participes passés des verbes **voir**, **boire**, **croire** ? _____
- Quel est le participe passé du verbe **pouvoir** ? _____
- Quel est le participe passé du verbe **asseoir** ? _____

Le passé composé formé avec l'auxiliaire être

18

Je révise et je retiens

Lorsque l'on forme le passé composé avec l'auxiliaire **être**, le participe passé **s'accorde** dans tous les cas **en genre** et **en nombre** avec le sujet.

Il est part**i**.   **Elle** est part**ie**.   **Ils** sont part**is**.   **Elles** sont part**ies**.

Je m'exerce

1 **Mets ce texte au passé composé.**

Hélène part rejoindre sa mère. Elle prend l'avion et arrive à Marseille. De là, la jeune femme remonte par Millau où l'attend sa sœur. Toutes les deux se rendent dans le Cantal, région qu'elles découvrent avec émotion. Aujourd'hui, elles retrouvent leurs racines auvergnates.

_____
_____
_____
_____
_____
_____

2 **Complète le tableau en conjuguant les verbes au passé composé.**

	rester	sortir
Il		
nous		
ils		
elles		

3 **Formule la question au passé composé grâce aux éléments entre parenthèses.**

- (ton fils/rentrer) → **Ton fils est-il rentré ?**
- (la chienne / blesser) → _____ ?
- (les enfants / presser) → _____ ?
- (la poupée / cacher) → _____ ?
- (le blé / couper) → _____ ?
- (les noix / ramasser) → _____ ?

19 Le passé composé formé avec l'auxiliaire avoir

Je révise et je retiens

Généralement, quand on forme le passé composé avec l'auxiliaire **avoir**, le verbe mis au participe passé ne s'accorde pas.
J'ai donné des abricots.   Les gens ont donné de la crème.   Elles ont donné des poires.

Mais lorsque le complément d'objet direct (COD) est placé avant le verbe dans la phrase, le participe passé s'accorde en genre et en nombre avec le COD.
Les jouets que j'ai donnés me manquent.   Ces erreurs, je les ai commises.

Je m'exerce

1 Réécris chaque expression en employant le COD surligné. Attention aux accords !

les garçons que j'ai vus… → la fille que j'ai _____…

Le livre, tu l'as déchiré. → La fiche, _____.

la poire qu'ils ont mangée… → le fruit _____…

La voiture, il l'a achetée. → Les camions _____.

2 Place le COD avant le verbe puis accorde le participe passé en genre et en nombre.

J'ai soulevé une pierre. → La pierre que j'ai soulevée…

Vous avez écrit une page. → _____…

Il a eu des visions. → _____…

Ils ont pris des couleurs. → _____…

Tu avais acheté une bouteille. → _____…

3 Écris la terminaison qui convient.

La ville, il y a longtemps que je l'ai quitt____. J'ai décid____ un beau jour de m'installer à la campagne. Ma famille a grand____ à l'abri de la pollution et des embouteillages, mais la vie que nous avons eu____ n'a pas ét____ si facile. Mes enfants n'ont pas conn____ le cinéma du samedi soir et n'ont pas jou____ avec beaucoup d'amis. Les soirées que nous avons pass____ n'ont pas toutes marqu____ notre mémoire. Qu'importe, je n'ai jamais regrett____ ce choix !

Le présent du conditionnel 20

Je révise et je retiens

Le conditionnel s'emploie pour exprimer une possibilité, une condition. Il est le plus souvent placé après une proposition introduite par **si** et dont le verbe est à l'imparfait.

Si j'avais le temps, j'irais au cinéma.

Le conditionnel se construit comme le futur simple de l'indicatif, mais ses terminaisons diffèrent :

| je donner**ais** | tu donner**ais** | il (elle) donner**ait** |
| nous donner**ions** | vous donner**iez** | ils (elles) donner**aient** |

Je m'exerce

1 **Complète les phrases avec les verbes entre parenthèses : le premier à l'imparfait, le second au conditionnel présent.**

- (faire/marcher)   S'il _____ beau cet après midi, tu _____ dans la campagne.
- (être/emmener)   Si tu _____ gentil avec ton frère, tu l'_____ en promenade.
- (avoir/lire)   Si vous _____ de grandes vacances, vous _____ toute la journée.
- (aller/sortir)   Si j'_____ mieux, je _____.

2 **Classe les conjugaisons. Pour ne pas te tromper, invente une condition.**

je marcherai – ils s'ennuieraient – vous partirez – tu demanderais – il serait – nous voterons

Présent du conditionnel	Futur de l'indicatif

3 **Réécris les phrases en remplaçant quand par si.**

Quand tu auras réfléchi, tu trouveras. → **Si tu avais réfléchi, tu aurais trouvé.**

Quand tu étais petit, tu n'avais pas le bras aussi long.
→ Si tu _____.

Quand je parlais couramment l'anglais, je partais souvent en Irlande.
→ Si je _____.

21 Le présent du subjonctif

Je révise et je retiens

On utilise le subjonctif présent après un verbe exprimant un **sentiment**, une **volonté** ou une **nécessité**.

Il **faut** **que** tu lises attentivement.

Quand on le conjugue, le verbe est précédé de la conjonction de subordination **que**. Tous les verbes, sauf **être** et **avoir**, prennent les mêmes terminaisons.

| que je sort**e** | que tu sort**es** | qu'il (qu'elle) sort**e** |
| que nous sort**ions** | que vous sort**iez** | qu'ils (qu'elles) sort**ent** |

Je m'exerce

1 **Complète le tableau.**

	gagner	finir	servir
1re personne du singulier	que je		
3e personne du singulier			
2e personne du pluriel			
3e personne du pluriel			

2 **Trouve l'infinitif des verbes suivants, conjugués au présent du subjonctif.**

- Il faut que nous soyons forts. → verbe _____
- Je souhaite qu'il fasse honneur aux siens. → verbe _____
- Nous voulons que tu sois heureux. → verbe _____
- Il faut qu'ils sachent réfléchir. → verbe _____
- Il faut que j'aie du courage. → verbe _____
- Il est temps qu'elles aillent au lycée. → verbe _____

3 **Mets les verbes entre parenthèses au présent du subjonctif dans les phrases.**

(mentir) Il ne faut pas que tu _____.
(tricher) Tu ne veux pas que nous _____.
(être) Je ne souhaite pas qu'ils _____ tristes.
(rester) Elle tient à ce que vous _____ tranquilles.
(jouer) Il préfère que vous _____ honnêtement.
(gagner) Ce serait bien qu'il _____ parfois.

Participe passé en –é ou infinitif en –er ? 22

Je révise et je retiens

Pour les verbes du 1er groupe, on entend le même son final quand ils sont à **l'infinitif (-er)** ou au **participe passé (-é)**. À l'écrit, pour ne pas te tromper, il te suffit de remplacer le verbe qui te fait hésiter par un verbe du 2e ou 3e groupe.

J'ai rêv**é**.   Il faut rêv**er**.
J'ai **fini**.   Il faut **finir**.
        participe passé   infinitif
J'ai **pris**.   Il faut **prendre**.

Je m'exerce

1 Complète les phrases avec les verbes entre parenthèses, dans l'ordre où ils sont placés. Laisse-les à l'infinitif ou mets-les au participe passé.

- (escalader / renoncer) Ils devaient _____ mais ils ont _____.
- (tourner / tomber) Il a _____ jusqu'à en _____.
- (copier / réviser) Rien ne sert de _____, il faut _____.
- (cogner / continuer) Elle s'est _____ mais elle a _____.

2 Mets ces phrases au passé composé.

J'observe mais je ne peux distinguer.
Hier, j' _____.

Elle se blesse et nous la soignons.
Ce matin, _____.

Il faut laisser les petits s'amuser.
Lundi dernier, _____.

Me promener, j'adore !
Lors des derniers congés, _____ !

Tu casses tes jouets, tu dois les réparer.
Hier soir, tu _____ !

3 Complète les phrases par les participes passés employés comme adjectifs qualificatifs ou par le verbe à l'infinitif.

    terminer   terminé   terminés   terminée

L'année scolaire est bientôt _____.   Il s'agit de _____.
Mes devoirs seront _____.   C'est _____ !

23 Jeux et tests sur les verbes

TEST

Coche la bonne proposition. Tu marques 1 point par réponse juste.

- L'infinitif de « soyez », c'est
  - soir ☐
  - être ☐
  - suer ☐

- Les compléments circonstanciels sont des compléments essentiels :
  - vrai ☐
  - faux ☐

- Un adverbe précise toujours un verbe :
  - vrai ☐
  - faux ☐

- Dans une phrase, le verbe s'accorde avec :
  - le sujet ☐
  - le COD ☐
  - le COI ☐

- Un COD est un complément essentiel :
  - vrai ☐
  - faux ☐

- La terminaison d'un verbe ne change qu'avec le temps de conjugaison :
  - vrai ☐
  - faux ☐

- Le 2ᵉ groupe rassemble tous les verbes en –ir :
  - vrai ☐
  - faux ☐

- Dans « tu l'as crue », **crue** est le participe passé de :
  - cruer ☐
  - courir ☐
  - croire ☐

- Le verbe **plier** à l'imparfait, 2ᵉ personne du pluriel, c'est vous :
  - pliez ☐
  - pliiez ☐
  - pliais ☐

- Le verbe **crier** au passé simple, 1ʳᵉ personne du singulier, c'est je :
  - criais ☐
  - criions ☐
  - criai ☐

TOTAL : ...... /10

1 Conjugaison cachée.

Dans la grille, retrouve six formes conjuguées du verbe ÊTRE. Tu peux les lire horizontalement, verticalement ou en diagonale.

S	M	R	F	E
E	O	L	U	T
R	S	Y	M	I
A	E	T	E	E
I	S	X	S	Z

_____
_____
_____
_____
_____
_____

2 Rébus. Que dit Sylvie à son frère ?

_____

Reconnaître le nom — 24

Je révise et je retiens

- Le **nom propre** peut être le nom d'un pays, d'une personne, d'un animal. Il prend toujours une majuscule et ne se met au pluriel que dans quelques cas (nationalités, certaines familles royales ou nobles).

    Jean   **le Portugal**   **Toulouse**   **la Loire**   **Médor**   **les Italiens**   **les Bourbons**

    Les noms propres qui prennent un pluriel sont :
    - certains noms de lieu habituellement employés ainsi → **les Alpes, les Vosges**
    - les noms d'habitants ou de nationalités → **les Corses, les Parisiens, les Italiens**
    - certains noms de familles royales ou nobles → **les Bourbons**

- Le **nom commun** est le nom de chaque chose. Il est toujours précédé d'un déterminant. Il possède un genre (masculin ou féminin) et un nombre (singulier ou pluriel), et il en porte la marque.

    un parent   **une parent**e   **des parent**s   **des parent**es

Je m'exerce

1 Écris l'un des déterminants ci-dessous devant chaque nom commun.

     le   la   l'   les

_____ cerceaux   _____ devoirs   _____ étourneau

_____ pain   _____ magie   _____ entrée

2 Place les noms entre parenthèses dans les phrases et accorde-les si nécessaire.

- (dictionnaire) Je possède plusieurs _____.
- (Gérard) Dans ma famille, il y a deux _____.
- (vœu) J'aimerais qu'on exauce tous mes _____.
- (Pyrénéen) Les habitants des Pyrénées sont _____.

3 Forme des mots composés en reliant les éléments de gauche à certains des noms de droite, puis recopie-les en les séparant par un trait d'union.

- brise   un _____ - _____
- marin   un _____ - _____

sous •

pare •

- soleil   un _____ - _____
- ensemble   un _____ - _____
- titre   un _____ - _____
- chocs   un _____ - _____

25 Le genre des noms

Je révise et je retiens

Chaque nom a un **genre** : il est soit **masculin**, soit **féminin**.

- Pour former le féminin d'un nom, il suffit parfois d'ajouter un **e** final au nom masculin.
  un gagnant / une gagnant**e**

- La plupart du temps, il faut changer la terminaison du mot pour former le féminin.
  un pâtissier / une pâtiss**ière**   le facteur / la fact**rice**   un tourtereau / une tourter**elle**

- Le nom masculin et le nom féminin qui lui correspond peuvent être totalement différents.
  un cheval / une jument

- Le nom masculin et le nom féminin peuvent également être le même mot.
  un journaliste / une journaliste   un malade / une malade

L'ensemble des mots du groupe nominal (GN) est accordé au même genre que le nom.

Je m'exerce

1 Entoure les noms qui sont identiques au féminin et au masculin.

danseur – cycliste – élève – masseur – ouvrier – géant – portraitiste – enfant

2 Écris le féminin de chacun de ces noms.

- un citoyen → une _____
- le coquin → la _____
- un parrain → une _____
- le boucher → la _____
- un acteur → une _____
- le styliste → la _____

3 Certains noms masculins n'ont pas de féminin et certains noms féminins n'ont pas de masculin. Trouve-les tous dans la liste et entoure-les.

le marchand – la voiture – la première – la proie – le processeur – l'amie – le sommet – un infirmier – une marque – la folle – le maître – une odeur – le son – l'organisatrice – l'amitié – le lion – l'océan

Tu peux remarquer que souvent, les noms d'êtres vivants ont un féminin mais pas les noms de choses, d'objets ou de sentiments.

4 Écris le masculin des noms ci-dessous.

- la protectrice → le _____
- une cliente → un _____
- la propriétaire → le _____
- une sportive → un _____
- une joueuse → un _____
- une touriste → un _____
- la curieuse → le _____
- l'ogresse → l' _____

Le nombre des noms 26

Je révise et je retiens

Quand il est employé dans une phrase, chaque nom a un **nombre** et en porte la marque. Il peut être au **singulier** ou au **pluriel**. Ce nombre est indiqué par le déterminant et la terminaison du nom.

• La marque du pluriel d'un nom est le plus souvent un **s** final.
    un livre → des livre**s**   une fillette → des fillette**s**   un trou → des trou**s**

• Les noms se terminant par **–eu**, **–au** ou **–eau** prennent pour la plupart un **x** final, ainsi que quelques noms se terminant par **–ou** (bijou, caillou, chou, genou, hibou, joujou, pou).
    un cheveu → des cheveu**x**   mais   des pneu**s**   un seau → des seau**x**

• Les noms se terminant par **–al** font en général leur pluriel en **–aux**.
    un journal → des journ**aux**   mais   des bal**s**   des chacal**s**

• Les mots se terminant par les lettres **s**, **z** ou **x** au singulier ne prennent pas de marque du pluriel : **des souris, les gaz, des noix**.

L'ensemble des mots du groupe nominal (GN) est accordé au même nombre que le nom.

Je m'exerce

1 Mets ces groupes nominaux (GN) au pluriel.

- la belette → les _____
- un pieu → des _____
- le nez → les _____
- un bœuf → des _____
- ce métal → ces _____
- une perdrix → des _____

2 Écris ces groupes nominaux (GN) au singulier.

- des croix → _____
- ses rivaux → _____
- ces prix → _____
- les marteaux → _____
- les travaux → _____
- des feux → _____

3 Dans le texte ci-dessous, relève tous les noms et classe-les dans le tableau. Regarde bien les déterminants !

Quel casse-pieds ! Je ne sais plus quel animal lui offrir. Tout d'abord il veut une souris, ensuite des poissons rouges et maintenant un ours. Je vais lui acheter des oursons à bon prix : des peluches ! Et tant pis pour les cris.

Noms au singulier	Noms au pluriel

27 Des déterminants du nom : les articles

Je révise et je retiens

Les noms communs sont la plupart du temps précédés d'un déterminant. Parmi eux, on trouve les différents **articles** :
- articles définis → **le – la – les – l'**
- articles indéfinis → **un – une – des**
- articles partitifs → **de la – à la**
- articles contractés → **du – des – au – aux**

Je m'exerce

1 Écris le déterminant demandé dans les expressions suivantes.

(article défini) Nous mettons _____ table.   (article indéfini) Il fait _____ bonne blague.

(article partitif) Il a _____ chance.   (article contracté) Je suis _____ collège.

2 Complète le tableau.

	masculin singulier	masculin pluriel	féminin singulier	féminin pluriel
article défini				
article indéfini				
article contracté				

3 Complète les phrases en utilisant des articles contractés.

À la pêche, il faut de la patience,

mais ____ rugby, il faut ____ courage

et ____ mordant.

On fait de la soupe, on mange ____ pain.

On va à la chasse, on se rend ____ marché.

On écrit de la poésie, on écrit ____ texte.

On parle à la maîtresse, on s'adresse ____ gens.

4 Réécris cette phrase au singulier. Attention aux articles !

On ne dit pas souvent les vérités aux enfants, même s'ils font preuve des qualités intellectuelles des adultes.

_____

_____

Des adjectifs déterminants du nom

28

Je révise et je retiens

Parmi les déterminants que tu peux trouver devant un nom, il y a les **adjectifs**.

- Les adjectifs **possessifs** indiquent une possession.

  ma voiture **mon** ordinateur **mes** chats **son** bureau **tes** affaires
  nos valeurs **ses** stylos **vos** goûts **leur** ami **leurs** amis

- Les adjectifs **démonstratifs** : le nom déterminé est comme montré du doigt.

  cette casserole **ce** bateau **cet** enfant **ces** gens-là

- Les adjectifs **numéraux** permettent d'énumérer avec précision des éléments.

  un chien, **deux** moutons, **trois** paniers…

- Les adjectifs **exclamatifs** et **interrogatifs** sont identiques, on les distingue selon le contexte et la ponctuation.

  Quelle beauté ! **Quelle** réponse ? **Quel** idiot ! **Quel** chemin ?

- Il existe aussi des adjectifs **indéfinis** : **certains** – **tout** – **toutes** – **quelques**

Je m'exerce

1 Complète le texte par les adjectifs demandés.

_____ soir, je vais planter _____ jardin. Je mettrai _____ pieds de tomates anciennes
démonstratif   possessif   indéfini

et _____ variété de tomates jaunes. _____ étrange tomate que cette tomate jaune !
    numéral   exclamatif

_____ m'ont dit qu'elle était délicieuse, _____ personnes m'ont dit le contraire
indéfini   indéfini

mais _____ sont unanimes : elle a une drôle d'allure.
       indéfini

2 Indique en face de chaque déterminant sa nature (possessif, démonstratif …) puis son genre (masculin ou féminin) et son nombre (singulier ou pluriel).

mon → adjectif possessif (M / S)

ton → adjectif _____ (_ / _)

cet → adjectif _____ (_ / _)

deux → adjectif _____ (_ / _)

quelles → adjectif _____ (_ / _)

3 Relie chaque adjectif au nom ou aux noms qu'il peut déterminer.

quelle •   • quatre
nos •   • voisines •   • ces
ton •   • région •   • ce
ma •   • pinceaux •   • cette
ses •   • jardin •   • cet
quel •   • certaines

29 Les adjectifs qualificatifs

Je révise et je retiens

L'adjectif qualificatif donne des renseignements sur un nom ou un pronom.
Il peut se trouver placé :
- à côté du mot qualifié → c'est alors un adjectif qualificatif **épithète**,
- séparé de lui par un verbe d'état → il est alors **attribut du sujet**.

Qu'il soit épithète ou attribut du sujet, l'adjectif qualificatif s'accorde en genre (masculin ou féminin) et en nombre (singulier ou pluriel) avec le nom qu'il qualifie.

des camions accidentés	la grande forêt profonde	Les routes sont dégagées.
nom / adjectif qualificatif épithète	adjectif qualificatif épithète / nom / adjectif qualificatif épithète	sujet / verbe d'état / adjectif qualificatif attribut

Attention, si l'adjectif qualifie à la fois un nom masculin et un nom féminin, l'accord masculin pluriel l'emporte.

un garçon et une fille travailleurs

Je m'exerce

1 Relie chaque adjectif surligné à sa fonction.

une revue **trimestrielle** •
La mer paraît **calme**. •   • épithète
Les enfants semblaient **heureux**. •
des animaux **égarés** •   • attribut
un monde **merveilleux** •

2 Complète chaque expression à l'aide de l'adjectif entre parenthèses sans oublier de l'accorder.

(charmant) des voisins _____   (revu) la leçon est _____
(patient) des clientes _____   (libre) un oiseau _____
(avancé) des travaux _____   (rapide) une piste _____
(fleuri) les ruelles sont _____ (entretenu) une ville bien _____

3 Indique le genre (M/F) puis le nombre (S/P) de chaque groupe nominal.

un joli bateau vert   → M / S   de petites et belles pièces → __ / __
la vieille chaise cassée   → __ / __   la maison blanche   → __ / __
les grands espaces   → __ / __   l'étrange personnage   → __ / __

Tremplin
FRANÇAIS CM2

Corrigés

L'ordre de la présentation des fiches dans ce cahier est une proposition de progression à l'intérieur de chacune des parties du programme.
Les instructions officielles laissant chaque professeur des écoles libre de l'ordre dans lequel il aborde le programme,
il est recommandé d'utiliser ce cahier parallèlement à la progression suivie en classe.

Le verbe : grammaire, conjugaison, orthographe

1 Reconnaître le verbe

1. Demain, tu courras le cent mètres. – Hier, nous changions d'itinéraire. – Maintenant, elles sortent au cinéma. – Lundi dernier, je baillais aux corneilles. – La prochaine fois, vous finirez plus vite. – Quand tu le frappes, l'animal devient peureux.
2. sautiez → 2ᵉ personne du pluriel, imparfait
fleurissent → 3ᵉ personne du pluriel, présent
descend → 3ᵉ personne du singulier, présent
3. À la préhistoire, les hommes vivaient dans des abris sous roches car ils n'avaient pas le temps de s'installer. Il fallait sans cesse suivre le mouvement des animaux sauvages. Il y a peu encore, dans certaines régions, les bergers et une partie de leur famille transhumaient en montagne et passaient quelques mois d'été en altitude avec les troupeaux d'animaux domestiques.
vivaient / vivre • **avaient** / avoir • **a** / avoir • **fallait** / falloir • **transhumaient** / transhumer • **passaient** / passer

2 L'accord du verbe avec le sujet

1. le cahier bleu → il • les boulevards → ils • des bibliothèques → elles • la facture d'eau → elle • les travaux ménagers → ils • la fille du voisin → elle
2. **Elle** se promène. – **Ils** surveillent. – **Il** se perd.
3. Dans le jardin, les abeilles butineront les fleurs du matin au soir, sans arrêt. • Derrière ces magnifiques nuages rosés se cachait un beau soleil. • Dominique est un nom masculin ou féminin. • Aujourd'hui, l'équipe de handball ne paraît pas en forme. • On a fermé l'école le 29 juin cette année.
4. butiner – se cacher – être – paraître (forme négative) – fermer

3 La fonction attribut du sujet

1. Les chèvres sont **de beaux animaux**.
Le vent et la pluie demeurent **violents**.
2. Ces hommes **paraissent affamés et dangereux**.
Les journées **seront chaudes et étouffantes**.
3. Le paysage était merveilleux. Il semblait irréel. Moi-même j'étais ébloui ! Le ciel rougeoyant paraissait un tableau impressionniste, les arbres géants donnaient du relief à cette toile changeante. Nous devenions de petites choses au milieu de l'univers. Qui peut créer de telles beautés ? C'est Kwaê, d'après les habitants de cet étrange pays. Pour sûr, c'était lui !
4. **Adjectifs qualificatifs :** merveilleux – irréel – ébloui • **Noms propres ou communs :** Kwaê • **Groupes nominaux :** un tableau impressionniste – de petites choses • **Pronoms :** lui

4 Les compléments essentiels et compléments non essentiels

1. Dans sa chambre, mon frère joue.
Cette année, il a bien travaillé.
2. Elle admire les vallées. → qui ? quoi ?
On se moque de moi. → de qui ? de quoi ?
Tu parles de Bernard. → de qui ? de quoi ?
Il voit des fantômes. → qui ? quoi ?
3. Après manger, il sort. → quand ?
Il roule prudemment. → comment ?
Fred va à Montsalvy. → où ?
Maman arrive demain. → quand ?
4. **Compléments essentiels :** b – d – f • **Compléments circonstanciels :** a – c – e – g – h
5. Je ferai de la plongée sous-marine. Je découvrirai des choses magnifiques. Des épaves apparaîtront, des trésors se révèleront à moi. J'irai là-bas.

5 Le complément d'objet direct (COD)

1. J'ai renversé ma soupe. → COD
Ce steak est tendre. → attribut du sujet
Hier mon frère a acheté une voiture. → COD
Sylvie n'aime pas ma musique. → COD
Les vacances se terminent ce soir. → complément non essentiel
2. Marie **la** mange. – Papa **l'**accroche. Fais-**les** ! – Mon ami me **le** donne.
3. Pour la première fois de ma vie, j'ai pris le bateau. C'était un ancien et beau bateau, je l'ai vu tout de suite. Nous avons eu une mer très calme. Je n'oublierai jamais que tu m'as fait naviguer.

6 Le complément d'objet indirect (COI)

1. <u>à travailler</u> : verbe à l'infinitif • <u>de lui</u> : pronom • <u>à ce qu'il dira</u> : proposition • <u>au tournoi</u> : GN • <u>de littérature</u> : nom • <u>à mon meilleur ami</u> : GN • <u>de Louis</u> : nom • <u>à ce qui arrivera</u> : proposition

2. Je tiens beaucoup <u>à mes affaires</u>. → COI • Il gâche <u>toutes ses chances</u>. → COD • Papa sourit <u>à ma sœur</u>. → COI • Antoine écrit <u>une longue lettre</u>. → COD • Je parle <u>de mon match</u>. → COI • Je montre <u>mon dessin</u>. → COD • Souviens-toi <u>de ce que tu m'as dit</u>. → COI

3. J'ai un ☐four☐ à pain. CN
   Tu possèdes une ☐pelote☐ de laine. CN
   Je remplis ☐le sac☐ de pain. CN
   Le matelas ☐contient☐ de la laine. COI
   Il cherche une ☐paire☐ de gants. CN
   Ils ☐discutent☐ de gants. COI

7 Les compléments circonstanciels

1. <u>Dans les champs</u>, les brebis dorment. (CCL / GNP)
   Elles s'abritent <u>quand il pleut</u>. (CCT / P)
   Le troupeau se réveille <u>lentement</u>. (CCM / A)

2. **Ce soir**, télé ! ☐CCT☐ • Rentrez **à la maison**. ☐CCL☐ • Il participe **sans passion**. ☐CCM☐ • Je réussis **lorsque je réfléchis**. ☐CCT☐

3. Les gens s'expriment **naturellement**. • Ils nous reçoivent **gentiment**. • Pierre escalade la paroi **courageusement**.

8 Les propositions subordonnées conjonctives

1. Je souhaite ☐que☐ tu viennes me voir plus souvent.
   Il croit ☐qu'☐on peut m'avoir de la sorte.
   Tu aimerais bien ☐qu'☐il te donne son tonus.
   Je ne veux pas ☐que☐ tu te fatigues trop.

2. Ils souhaitent <u>que tu donnes ton avis</u>. • Tu attends <u>qu'il (qu'elle) t'appelle</u>. • Elle craint <u>que tu sois absent</u>.

3. n° 1 – n° 4

9 L'adverbe

1. timide → timidement • violent → violemment • méchant → méchamment • courant → couramment • franc → franchement

2. Je m'étais mis en route ▨très tôt▨. ▨Lentement▨, je grimpais le long de la falaise. ▨Précautionneusement▨, je cherchais mes prises : ▨ici▨ une faille, ▨là▨ un petit rocher saillant. Le sommet paraissait ▨bien loin▨ ! ▨Parfois▨, mon pied glissait. Mais ▨souvent▨, j'avançais ▨beaucoup▨. Je serais ▨tellement▨ fier si j'arrivais au sommet !

Adverbe de lieu	Adverbe de temps	Adverbe de manière	Adverbe de quantité
ici	parfois	lentement	très
là	souvent	précautionneusement	beaucoup
loin	tôt	bien	tellement

3. ☐fortement☐ – ☐bientôt☐ – ☐sûrement☐ – ☐bassement☐ – ☐déjà☐ – ☐peut-être☐

4. Une terrasse nette.   Ils s'arrêtent net.
   La rue est droite.   Elle file droit dans l'eau.

10 La conjugaison du verbe

1. Martin partit. → hier • Les animaux se sauveront → demain • Tu as de la fièvre. → aujourd'hui • Ils auront chaud. → demain • J'avais été rapide. → hier

2. je me nourris   nous nous nourrissons
   tu te nourris   vous vous nourrissez
   il se nourrit   ils se nourrissent

3. Nous gagnons la partie. – Vous finissiez votre travail. – Ils se promèneront à Lyon. – Je fleurirai le jardin.

11 Le présent de l'indicatif

1.
	tu	nous	ils
nager	nages	nage**ons**	nagent
bouger	bouges	boug**e**ons	bougent

2. Les sorcières nous **ensorcellent**. – Tu **jettes** un papier. – Il **achète** un livre. – Nous **appelons** Damien. – Matthieu **pèle** une pomme. – J'**attelle** le mulet. – Vous **décelez** de la lumière.

3.
	tu	nous	ils
grincer	grinces	grin**ç**ons	grincez
voguer	vogues	vog**u**ons	voguez

4. Tu pli**es** cette feuille. – Le cheval franchi**t** l'obstacle. – J'oubli**e** mon devoir. – Il choisi**t** un tricot. – Je t'en pri**e**. – La fumée noirci**t** le mur. – Tu fui**s** le danger. – Le lion rugi**t**.

12 Le futur simple de l'indicatif

1. La semaine **prochaine**, je **passerai** la journée au musée pendant que tu **dormiras**. Je **verrai** une exposition d'objets de l'Âge du fer. Elle **sera** très intéressante. Les gens **se promèneront** émerveillés par le travail de nos ancêtres alors que je **m'attarderai** sur une extraordinaire maquette de village préhistorique.

2.
	je / j'	tu	vous	ils / elles
avoir	aurai	auras	aurez	auront
être	serai	seras	serez	seront

3. Je **parcourrai** la campagne. – Tu **ouvriras** ton livre. – Il **mourra** à cent ans. – Nous **nourrirons** l'oisillon.

13 L'imparfait de l'indicatif

1. Auparavant, je mangeais puis tu m'appelais. – Auparavant, il regardait ce que nous portions. – Auparavant, vous sonniez et ils descendaient.

2. Tu parlais → Vous parliez • Tu triais → Vous triiez • Je balayais → Nous balayions • Je bâillais → Nous bâillions

3. • **avoir** : j'avais – tu avais – il/elle avait – nous avions – vous aviez – ils/elles avaient
   • **être** : j'étais – tu étais – il/elle était – nous étions – vous étiez – ils/elles étaient

14 Le passé simple

1. Je marchais tranquillement quand, tout à coup, je tombai. – Tu courais vers notre maison quand, soudain, tu trébuchas. – Ils résistaient au malaise mais, après cinq minutes, ils défaillirent.

2.

Verbes à l'imparfait	Verbes au passé simple
je jouais	je jouai
tu prenais	tu pris
il portait	il porta
nous étions	nous fûmes
vous fleurissiez	vous fleurîtes
ils avaient	ils eurent

3. Je sous — Tu crûs — Il tendit — Nous sortîmes

15 Les verbes être et avoir, auxiliaires de conjugaison

1. Tu **es** rentré tard. – Ils **ont** couru très vite. – J'**étais** tombé sur le dos. – Vous **aviez** pris des notes. – Nous **serons** allés à Florence. – Il **aura** compris l'exercice. – Nous **fûmes** partis très tôt. – Ils **eurent** mangé.

2. Demain, nous **serons poursuivis**. → auxiliaire **être** au futur • Hier, vous **aviez perdu** votre chemin. → auxiliaire **avoir** à l'imparfait • **As**-tu **aperçu** Robert ? → auxiliaire **avoir** au présent

3. J'ai faim ! Toi, tu as mangé ce matin et les autres ont déjeuné plus tard. Moi, comme tout le monde l'a remarqué, je n'ai pas touché la moindre tartine. Je suis au régime et j'aurai cette fois le courage que je n'ai pas eu la dernière fois. Un fruit, un laitage allégé et c'est parti pour un petit footing !

16 Les temps composés de l'indicatif

1.
Je serai parti à cette heure-là ! → futur antérieur
Il avait su tout cela avant toi. → plus-que-parfait
Il fut tombé de haut. → passé antérieur

2.

	Personne	Auxiliaire	Participe passé
Passé composé	j'	ai	été
	vous	avez	été
Plus-que-parfait	il	avait	été
	nous	avions	été
Passé antérieur	tu	eus	été
	elles	eurent	été
Futur antérieur	j'	aurai	été
	nous	aurons	été

3. J'ai couru assez longtemps. – Il s'était abîmé le coude. – Nous aurons compris.

17 Le passé composé

1. Je suis sorti de chez moi. – Il a dormi longtemps. – Nous avons vu la mer.

2. Dernièrement, nous **sommes allés** à la pêche avec mon père. Il avait une canne très longue et légère. Moi, j'**ai eu** la plus lourde. Mon frère **a passé** son temps à démêler son fil. Papa et lui **sont rentrés** bredouilles. Moi, je **suis sorti** vainqueur avec un goujon de trois centimètres de long !

conjugué avec l'auxiliaire être	conjugué avec avoir	infinitif du verbe conjugué
sommes allés		aller
	ai eu	avoir
	a passé	passer
sont rentrés		rentrer
suis sorti		sortir

3. Le participe passé des verbes du 1er groupe se termine par **é** – celui des verbes du 2e groupe par **i**.
Le participe passé des verbes voir, boire, croire se termine par **u**. • pouvoir → **pu** • asseoir → **assis**.

18 Le passé composé formé avec l'auxiliaire être

1. Hélène **est partie** rejoindre sa mère. Elle **a pris** l'avion et **est arrivée** à Marseille. De là, la jeune femme **est remontée** par Millau où l'**a attendu** sa sœur. Toutes les deux **se sont rendues** dans le Cantal, régions qu'elles **ont découvert** avec émotion. Aujourd'hui, elles **ont retrouvé** leurs racines auvergnates.

2.

	rester	sortir
il	est resté	est sorti
nous	sommes restés	sommes sortis
ils	sont restés	sont sortis
elles	sont restées	sont sorties

3. La chienne est-elle blessée ?
Les enfants sont-ils pressés ?
La poupée est-elle cachée ?
Le blé est-il coupé ?
Les noix sont-elles ramassées ?

19 Le passé composé formé avec l'auxiliaire avoir

1. la fille que j'ai vu**e**. – La fiche, tu l'as déchir**ée**. – le fruit qu'ils ont mang**é** – Les camions, il les a achet**és**.

2. La page que vous avez écrit**e**…
Les visions que vous avez e**ues**…
Les couleurs que vous avez pris**es**…
La bouteille que tu avais achet**ée**…

3. La ville, il y a longtemps que je l'ai quitt**ée**. J'ai décid**é** un beau jour de m'installer à la campagne. Ma famille a grand**i** à l'abri de la pollution et des embouteillages, mais la vie que nous avons e**ue** n'a pas ét**é** si facile. Mes enfants n'ont pas conn**u** le cinéma du samedi soir et n'ont pas jou**é** avec beaucoup d'amis. Les soirées que nous avons pass**ées** n'ont pas toutes marqu**é** notre mémoire. Qu'importe, je n'ai jamais regrett**é** ce choix !

20 Le présent du conditionnel

1. S'il **faisait** beau cet après midi, tu **marcherais** dans la campagne. • Si tu **étais** gentil avec ton frère, tu l'**emmènerais** en promenade. • Si vous **aviez** de grandes vacances, vous **liriez** toute la journée. • Si j'**allais** mieux, je **sortirais**.

2.

Présent du conditionnel	Futur de l'indicatif
Ils s'ennuieraient	Je marcherai
Tu demanderais	Vous partirez
Il serait	Nous voterons

3. Si tu étais petit, tu n'aurais pas le bras aussi long. – Si je parlais couramment l'anglais, je partirais souvent en Irlande.

21 Le présent du subjonctif

1.

	gagner	finir	servir
1re personne du singulier	que je gagne	que je finisse	que je serve
3e personne du singulier	qu'il gagne	qu'il finisse	qu'il serve
2e personne du pluriel	que vous gagniez	que vous finissiez	que vous serviez
3e personne du pluriel	qu'ils gagnent	qu'ils finissent	qu'ils servent

2. verbe être – verbe faire – verbe être – verbe savoir – verbe avoir – verbe aller
3. Il ne faut pas que tu mentes. – Tu ne veux pas que nous trichions. – Je ne souhaite pas qu'ils soient tristes. – Elle tient à ce que vous restiez tranquilles. – Il préfère que vous jouiez honnêtement. – Ce serait bien qu'il gagne parfois.

22 Participe passé en -é ou infinitif en –er ?

1. Ils devaient escalad**er**, mais ils ont renonc**é**. – Il a tourn**é** jusqu'à en tomb**er**. – Rien ne sert de copi**er**, il faut révis**er**. – Elle s'est cogn**ée** mais elle a continu**é**.
2. Hier, j'ai observé, mais je n'ai pas pu distinguer. – Ce matin, elle s'est blessée et nous l'avons soignée. – Lundi dernier, il a fallu laisser les petits s'amuser. – Lors des derniers congés, me promener, j'ai adoré ! – Hier soir, tu as cassé tes jouets, tu as du les réparer.
3. L'année scolaire est bientôt terminée. • Il s'agit de terminer . • Mes devoirs seront terminés • C'est terminé !.

23 Jeux et tests sur les verbes

Test. être (réponse 2) • faux (réponse 2) • faux (réponse 2) • le sujet (réponse 1). • vrai (réponse 1) • faux, elle change aussi avec la personne (réponse 2) • faux, certains verbes du 3e groupe se terminent en –ir (mourir, courir) (réponse 2) • croire (réponse 3) • pliiez (réponse 2) • je criai (réponse 3).

1.

S	M	R	F	E
E	O	L	U	T
R	S	Y	M	I
A	E	T	E	E
I	S	X	S	Z

– serai
– fûmes
– étiez
– soyez
– est
– été

2. DÉ – COU – RAT – G = Il ne faut pas te décourager !

Le nom : grammaire, orthographe

24 Reconnaître le nom

1. les cerceaux • les devoirs • l'étourneau • le pain • la magie • l'entrée
2. Je possède plusieurs dictionnaire**s**. • Dans ma famille, il y a deux Gérard. • J'aimerais qu'on exauce tous mes vœu**x**. • Les habitants des Pyrénées sont Pyrénéen**s**.
3. un pare-brise • un sous-marin • un pare-soleil • un sous-ensemble • un sous-titre • un pare-chocs

25 Le genre des noms

1. cycliste – élève – portraitiste – enfant
2. une citoyenne • la bouchère • la coquine • une actrice • une marraine • la styliste
3. la voiture – la proie – le processeur – le sommet – une marque – une odeur – le son – l'amitié – l'océan
4. le protecteur – un joueur – un client – un touriste – le propriétaire – le curieux – un sportif – l'ogre

26 Le nombre des noms

1. les belette**s** – des bœuf**s** – des pieux – ces métau**x** – les ne**z** – des perdri**x**
2. une croix – le marteau – son rival – le travail – ce prix – un feu
3. Quel **casse-pieds** ! Je ne sais plus quel **animal** lui offrir. Tout d'abord il veut une **souris**, ensuite des **poissons** rouges et maintenant un **ours**. Je vais lui acheter des **oursons** à bon **prix** : des **peluches** ! Et tant pis pour les **cris**.
Noms au singulier : casse-pieds – animal – souris – ours – prix
Noms au pluriel : poissons – oursons – peluches – cris

27 Des déterminants du nom : les articles

1. Nous mettons **la** table. • Il fait **une** bonne blague. • Il a **de la** chance. • Je suis **au** collège.
2.

	masculin singulier	masculin pluriel	féminin singulier	féminin pluriel
article défini	le	les	la	les
article indéfini	un	des	une	des
article contracté	au	aux		

3. À la pêche, il faut de la patience mais **au** rugby, il faut **du** courage et **du** mordant. • On fait de la soupe, on mange **du** pain. • On écrit de la poésie, on écrit **du** texte. • On va à la chasse, on se rend **au** marché. • On parle à la maîtresse, on s'adresse **aux** gens. • On fait de la soupe, on mange **du** pain.
4. On ne dit pas souvent la vérité à l'enfant, même s'il fait preuve de la qualité intellectuelle de l'adulte.

28 Des adjectifs déterminants du nom

1. **Ce** soir, je vais planter **mon** jardin. Je mettrai **des** pieds de tomates anciennes et **une** variété de tomates jaunes. **Quelle** étrange tomate que cette tomate jaune ! **Certains** m'ont dit qu'elle était délicieuse, **quelques** personnes m'ont dit le contraire mais **tous** sont unanimes : elle a une drôle d'allure.

2. ton : adjectif possessif (M / S) • cet : adjectif démonstratif (M / S) • deux : adjectif numéral (M ou F / P) • quelles : adjectif exclamatif ou interrogatif (F / P)
3. nos voisines / ses voisines / quatre voisines / ces voisines / certaines voisines • quelle région / ma région / cette région • nos pinceaux / ses pinceaux / quatre pinceaux / ces pinceaux • ton jardin / quel jardin / ce jardin

29 Les adjectifs qualificatifs
1. **trimestrielle** : épithète • **calme** : attribut • **heureux** : attribut • **égarés** : épithète • **merveilleux** : épithète
2. des voisins charmants • la leçon est revue • des clientes patientes • un oiseau libre • des travaux avancés • une piste rapide • les ruelles sont fleuries • une ville bien entretenue
3. de petites et belles pièces (F / P) • la vieille chaise cassée (F / S) • la maison blanche (F / S) • les grands espaces (M / P) • l'étrange personnage (M / S)

30 Les accords dans le groupe nominal
1. la petite chatte blanche et grise – de grandes et fortes vaches – un joli palace ruiné – de beaux couteaux argentés
2. une grande pièce claire – les rapides félins sauvages – les hautes falaises escarpées
3. Cette voiture verte ressemble à un petit jouet d'enfant. Les chiens fidèles sont nos meilleurs amis.
4.

	Adjectif exclamatif	Adjectif qualificatif	Nom commun	Adjectif qualificatif
Masculin singulier	Quel	petit	garçon	attentionné !
Masculin pluriel	Quels	petits	garçons	attentionnés !
Féminin singulier	Quelle	petite	fille	attentionnée !
Féminin pluriel	Quelles	petites	filles	attentionnées !

31 Le complément du nom
1. une vie de chien • un fer à repasser • une aile d'avion • les terres du Sud • les croyances d'hier • la soupe au chou
2.

Nom	Groupe nominal	Verbe à l'infinitif	Adverbe
à pâtisserie	d'eau chaude	à frire	d'hier
à pétrole	aux mille vertus	à langer	d'avant
aux lardons			

3. À Ajaccio, il y a plusieurs places : citons la place du Diamant, la place Abbatucci, la place des Palmiers et la place Miot. Le cours Napoléon traverse presque toute la ville. Non loin de l'ancienne École Normale de garçons se trouve le Lycée Fesch, du nom de l'oncle de l'Empereur. Le musée de la ville porte également son nom.

32 La proposition subordonnée relative
1. Je me méfie de l'endroit **où tu es tombé**. • Maman a préparé le jus d'orange **que je bois**. • Voici un cheval **dont il faut prendre soin**. • J'aimais bien la personne **qui est partie**.
2. • Je pense qu'il ne faut pas mentir. Hier, j'ai dit un mensonge qui ne m'a pas porté chance. J'avais perdu l'argent que Papa m'avait confié et j'ai inventé une histoire dont j'ai le secret : un chien avait volé le sac que j'avais laissé sur ma chaise, la somme qui s'y trouvait avait disparu. Maman a appelé tous les propriétaires de chiens du quartier qui n'ont pas apprécié. Je crois que j'ai compris la leçon.
• un mensonge – l'argent – une histoire – le sac – la somme – tous les propriétaires de chiens du quartier
3. La chose qui me répugne le plus est vraiment l'injustice. – La punition que j'ai prise est assez salée. – Le stylo dont j'ai le plus besoin a complètement disparu.

33 Jeux et tests sur les noms
Test. commun (réponse 1) • son genre (réponse 1) • son nombre (réponse 2) • attribut (réponse 2) • faux (réponse 2) • un article défini (réponse 1) • un nom (réponse 1) • CN (réponse 3) • un s (réponse 1) • un x (réponse 2).
1. des loups – des bals – des pneus – des landaus des hiboux – des choux – des cailloux
2. HAIE – PIS – TÊTE :
c'est un adjectif qualificatif **épithète**.

La grammaire dans le texte

34 Les types de phrases
1. Attends-moi. → type impératif • Qui es-tu ? → type interrogatif • Je suis tranquille. → type déclaratif • Quelle saison ! → type exclamatif
2. Regarde ce que tu fais ! • Mange ton dessert. • Maintenant, passez votre chemin. • Cours sans te retourner !
3. Il veut son jouet ? / Veut-il son jouet ? / Est-ce qu'il veut son jouet ? • Nous chantons ce soir ? / Chantons-nous ce soir ? / Est-ce que nous chantons ce soir ?

35 La forme négative
1. Je suis malheureux ! → affirmative • Il n'a pas tout pris. → négative • Quel jour sommes-nous ? → affirmative • On n'est jamais trop prudent. → négative • Il ne faut pas le dire ! → négative • J'ai trop couru. → affirmative
2. N'avez-vous plus droit à une seconde chance ? • Ne touche jamais à ça ! • Ils n'ont guère le droit de se moquer des autres. • Ce n'est pas vrai du tout. • Si tu y arrives, tu n'es pas le plus bête. • Rien ne sert de courir !
3.

Forme affirmative	Forme négative
Elle est mon amie.	Elle n'est plus mon amie.
Avez-vous mal ?	N'avez-vous pas mal ?

Dormez !	Ne dormez plus !
C'est parfait !	Ce n'est pas parfait !

36 La ponctuation

1. Ça y est enfin, c'est parti. J'annonce au pilote les virages, la vitesse et l'état de la route. Vue la rapidité de cette voiture, nous allons sûrement gagner la spéciale du rallye. Thierry, le pilote, est très concentré. Il fait voler la voiture de virage en virage.

2. Qu'ils sont beaux tous ces objets sortis du grenier de nos grands-parents ! On trouve là des choses disparues de nos vies modernes. Connais-tu le rôle de ceci ? C'est une petite jarre à huile d'olive que l'on gardait dans la cuisine . Quelle merveille ! Tu l'achètes ?

3. Je me rappelle, c'était en … juillet 1969 ! J'avais lu « De la terre à la lune » de Jules Verne et les Américains envoyaient une fusée vers ce satellite. As-tu lu ce livre ?

37 Forme active et forme passive

1. Un plat est inventé par le cuisinier. • Une voiture était suivie par un chien. • Un château sera visité par Claude. • La voiture est conduite par Maman.

2. Un savant découvre la formule. • Une femme dirigera le chantier. • La foudre a touché la maison. • Victor Hugo a écrit ce roman.

3.

Forme active	Forme passive
b – d – f – h	a – c – e – g

38 Les propositions indépendantes

1. Juxtaposition : Il mange, il a faim. Coordination : Il mange **car** il a faim. • Juxtaposition : Ils s'endorment, ils sont souvent réveillés. Coordination : Ils s'endorment **mais** ils sont souvent réveillés.

2. Sylvie cueille des fruits, les ramène à la maison et les mange. • Michel achète des billets, t'en offre un et vous allez au cinéma.

3. Tu as soif **car** tu as marché. – Le ciel est bleu **or** je reçois des gouttes d'eau. – Je vais à la salle de sport **ou** je reste assis devant la télé ?

39 Phrase simple et phrase complexe

1. J'aime bien le bureau que m'a acheté ma mère. • Je sors du cinéma quand tout le monde est sorti. • On pense que tous les invités sont partis. • Quand ils jouent, ils font beaucoup trop de bruit.

2. Le train que j'ai pris est rapide. → proposition subordonnée relative • Je pense que tu as compris. → proposition subordonnée conjonctive • Nous croyons qu'il va gagner. → proposition subordonnée conjonctive • J'aime bien le film que tu regardes. → proposition subordonnée relative • Il a reçu une lettre qui lui a fait plaisir. → proposition subordonnée relative.

3. parce que tu m'embêtes : la cause • comme tu me l'a demandé : la manière • si Mario vient chez moi : la condition.

40 L'analyse grammaticale

1. important : adjectif qualificatif • fleuve : nom commun • blanc : adjectif qualificatif ou nom commun • mes : adjectif possessif • triste : adjectif qualificatif • grippe : nom commun • sa : adjectif possessif

2. Le : déterminant du nom **lit**, élément du GNS • grand : épithète du nom **lit**, élément du GNS • lit : noyau du GNS du verbe être • défait : attribut du sujet

3. **Cette** : adjectif démonstratif, détermine le nom du GNS **école**. • **petite** : adjectif qualificatif du nom du GNS **école** • **école** : nom commun féminin singulier, nom noyau du GNS de la phrase. • **est** : verbe attributif (ou d'état), conjugué au présent à la 3e personne du singulier. • **sympathique** : adjectif qualificatif, attribut du nom du GNS **école**.

41 Repérer les indications de temps

1. annuellement : chaque année • aujourd'hui : ce jour • bientôt : dans peu de temps • maintenant : en ce moment même • hier : le jour qui précède

2. dix ans en arrière : passé • pas plus tard que demain : futur • à l'instant même : présent • Il y a trois secondes : passé • quand tu auras fini : futur.

3. Je te prêterai ce livre quand les poules auront des dents . Hier, tu as voulu le déchirer lorsque je le lisais et maintenant , tu me le demandes ? Et ne pense pas l'avoir ce soir ou demain !

   Adverbes compléments circonstanciels : hier – maintenant – demain • **Groupe nominal complément circonstanciel** : ce soir • **Propositions subordonnées circonstancielles** : quand les poules auront des dents – lorsque je le lisais

42 Repérer les indications de lieu

1. Venise, j'**y** retourne dès que je peux. **Une ville** comme ça, je n'**en** connais pas d'autres. **Celle**-ci regorge d'œuvres d'art.

2. Mon quartier me plaît. Je m'y promène souvent et il m'étonne toujours. Je le découvre petit à petit et je n'en ai toujours pas fait le tour. Il y a d'autres beaux quartiers ailleurs, mais celui-là a quelque chose de particulier : c'est le mien !

3. Je m'y → je m'y • elle → il • Je la découvre → Je le découvre • je n'en ai → je n'en ai • d'autres belles villes → d'autres beaux quartiers • celle-là → celui-là • la mienne → le mien

43 Repérer les substituts du nom

1. Paul arrive demain. Je suis pressé de le voir car il est gentil et cultivé. Avec ce bon marcheur , nous parcourons la campagne en quête de maisons abandonnées ou de traces d'un passé plus lointain. Mon ami est toujours partant pour une expédition champêtre, la pelle à la main et le sac sur le dos. Celui-là , c'est un véritable aventurier ! Je lui voue une grande admiration.

2. GN : ce bon marcheur – mon ami • pronom personnel : il • pronom COD : le • pronom COI : lui • pronom démonstratif : celui-là.

3. **Marie** est curieuse, **elle** n'arrête pas de lire. – Je prends **ma sacoche**, tu prends la **tienne** ? – J'achète un **cadeau** et je **l'**offre à ma mère. – Tu reviens de **Corse** et mon frère **y** va.
4. **Mon chien** s'échappe tout le temps. À ce petit jeu, c'est **lui** le plus fort. **Ce quadrupède** attend que je tourne la tête et il s'en va. Parfois je **le** retrouve chez les voisins, parfois **il** revient seul.

44 Phrases et types de textes
1. a) Prendre 2 litres d'eau, les faire bouillir. • b) Y ajouter une pincée de sel. • c) Remuer en ajoutant 1 kg de farine de châtaigne petit à petit. • d) Tourner cette pâte pendant 20 min sur feu doux. • e) Renverser le tout sur un torchon. • f) Servir chaud avec des œufs frits et du brocciu.
2. Ô joie ineffable, oh souvenir précieux… : poésie • Classe chaque proposition dans le tableau : énoncé • Dans un vacarme assourdissant, le chevalier… : conte • Dès la première étape, le coureur a pris la tête. : article de journal.

45 Jeux et tests de grammaire
Test. son type (réponse 1) • sa forme (réponse 3) • passive (réponse 2) • juxtaposées (réponse 2) • un verbe (réponse 2) • sa nature (réponse 3) • sa fonction (réponse 3) • sa fonction (réponse 3).
1. **Horizontalement** : 1 : circonstanciel – 2 : fonction – 3 : ne – 4 : naître – 5 : active – 6 : impératif – 7 : perdre
Verticalement : A : infinitif – B : nature – C : action – D : négative – E : COD – F : état – G : verbe

46 Jeux et tests sur les textes
Test. œ ponctuation (réponse 2) • faux (réponse 2) • faux (réponse 2) • vrai (réponse 1) • vrai (réponse 1) • à l'infinitif (réponse 2) • du passé (réponse 1) • à l'impératif (réponse 2).
1. • DÉ – Z'OR – DO – NEZ → désordonnée • BAGUE – HAIE – T' – MAGIE – QUEUE → baguette magique • FORT – HAIE → forêt • HAIE – TOUR – DEUX – RIZ → étourderie.
2. H – RAT – PAS – CE → C'est sa carapace !

Vocabulaire et orthographe lexicale

47 Le dictionnaire
1. maison : nom commun, féminin • désigne un bâtiment, un logement. • après → maîtriser • avant → maïs
2. n. f. : nom féminin • v. tr. : verbe transitif
   • loc. : locution • adv. : adverbe
3. La **plus grande** partie du programme est **achevée**.
   La pollution est **grave** pour **la nature**.
4. expérience – expérimenter – expiation – expiration – expirer

48 Les sens d'un mot
1. protéger • s'étendre, se coucher dessus pour les tenir au chaud • la grippe va se déclarer • battre les œufs pour qu'ils fassent une sorte de mousse • grimper • augmenter le volume
2. une opération
3. En été, le temps est souvent **chaud** / **doux**.
   Il me parle d'un ton très **chaud** / **doux**.
4. Le tireur **manque** la cible de peu.
   Il **manque** de temps pour lui.
5. Autour du pré, il met une **clôture**.
   C'est la **clôture** du festival.
6. Je suis **une carte**.

49 Sens propre et sens figuré
1. un casse-pieds → sens figuré • un chemin tortueux → sens propre • Julien se couche → sens propre • un esprit tortueux → sens figuré • l'homme a été mordu → sens propre • le courant électrique → sens propre • un pied cassé → sens propre • le soleil se couche → sens figuré • il est au courant → sens figuré • c'est un mordu de vidéo → sens figuré.
2. Prendre ses jambes à son cou, c'est s'échapper rapidement. • Avoir un cheveux sur la langue, c'est zozoter. • Ne pas avoir sa langue dans la poche, c'est parler sans retenue. • Avoir le cœur sur la main, c'est être généreux. • Filer un mauvais coton, c'est ne pas bien se comporter.
3. sens propre : changer de lieu d'habitation – sens figuré : donner des sensations plus fortes, plus excitantes que de raison (musique, bruit…).

50 Distinguer ou / où, quel(s) / quelle(s) / qu'elle(s)
1. **Quelle** idiote, je souhaite **qu'elle** s'en aille ! • **Quelles** étourdies, je pense **qu'elles** sont au Trocadéro !
2. **Quelle** histoire ! **Quel** malheur ! Je crois **qu'elles** l'ont fait exprès. **Qu'elles** soient venues juste aujourd'hui n'est pas innocent. **Quels** sont ces gens qui les accompagnent ? Une journée pareille, je voudrais **qu'elle** se termine vite !
3. **Où** es-tu, en Bretagne **ou** en Normandie ? • Est-il en vacances **ou** au travail ? • **Où** va Carole à l'instant **où** je te parles ? • **Ou** il me suit, **ou** il reste là. • Je ne sais pas **où** aller.

51 Distinguer c'est / s'est / ces / ses
1. **C'est** dommage, Roger **s'est** fait battre d'une seconde. **C'est** quand il **s'est** retourné qu'il **s'est** vu battu.
2. **Ces** monuments sont extraordinaires, **ces** paysages également !
   Il a repris toutes **ses** affaires : **ses** stylos et **ses** crayons.
   Il a **ses** habitudes, il déjeune dehors malgré toutes **ces** averses.
3. ces avions – ses lapins – ces viandes – ses motos – ces matelas.
4. Dis à Matthieu que **c'est** Papa qui a pris **ses** affaires. Il **s'est** trompé en partant et a emporté **ses** fournitures scolaires. Et **ces** sachets-là, à qui sont-ils ? **C'est** à toi, Antoine ?

52 Distinguer la / là / l'as, ma / m'a / m'as, ta / t'a

1. Tu **l'as** vue cette nouvelle console, celle qui est **là** dans la vitrine ? • Gaël **l'a** commandée la semaine dernière et **la** recevra demain. • J'espère que je pourrai **la** voir chez lui, il habite juste **là**.
2. Mon cousin **m'a** dit que **ma** tante était trop sévère. Je lui ai répondu : « Si **ta** mère est aussi sévère que la mienne, tu n'as pas à te plaindre. Sinon, tu **m'as** menti et ta famille **t'a** mal élevé ! » Il **m'a** ri au nez !
3. Tu l'as vue. – Elle t'a roulé – Tu la détestes.

53 Radical, préfixe, suffixe

1. la ré/vision – le dés/espoir – un bi/céphale – dé/ranger – sur/veiller – un para/vent – dés/amorcer – pré/tendre – re/faire – le para/tonnerre
2. déloger – impropre – imbuvable – immobile – ininflammable – découdre
3. **sur**charger → trop • **pré**histoire → avant • **dé**mettre → suppression • **bi**cyclette → deux • **re**faire → répétition • **im**battable → négation
4. Une petite **fourche** est une **fourchette**. – Le contraire de **ranger** c'est **déranger**. – Qui n'a plus de **courage** est atteint de **découragement**.

54 Étymologie et familles de mots

1. cent : centrifuge – central • porc : porcelaine – cochon • tour : trouvant – tourment • roc : empierrement – escroc
2. champignon • lustre • ôter
3. arbre – arbrisseau – arboré – arbuste / marbrier – marbré – marbrerie – marbre / terroriste – terreur – terroriser
L'intrus est : **terre**.

55 Les lettres finales muettes

1. la mor**t** : mortel – un flo**t** : flotter – le po**t** : potée – un bra**s** : la brasse – un escro**c** : escroquer – un poin**t** : pointer
2. Une dent pour croquer, c'est un **croc**. – Une porte ouverte sur la mer, c'est un **port**. – Celui qui passe par la porte cochère, c'est le **cocher**. – Un artiste talentueux est un homme de **talent**. – *Corpus*, en latin, c'est le **corps** en français. – *Tempus*, en latin, donne le mot français **temps**.
3. un heureu**x** homme – un talu**s** abrupt – une jolie perdri**x** – la voi**x** du ténor – un puit**s** d'eau fraîche – le maqui**s** corse – une noi**x** de coco – un choi**x** difficile – la voi**e** lactée – un moi**s** de vacances – un bosque**t** touffu.

56 Synonymes et antonymes

1. Mettre en équilibre c'est **équilibrer** / contraire : **déséquilibrer** • Petit homme des contes : **nain** / contraire : **géant** • Ne pas manger c'est **jeûner** / contraire : **déjeuner** • Une chose réalisable est **possible** / contraire : **impossible**.
2. praticable / **impraticable** – actif / **inactif** – visser / **dévisser** – activé / **désactiver**
3. Il a mal à la tête : crâne – C'est une tête : génie – Tu es en tête : premier
4.

mot d'origine	synonyme	antonyme
prudent	prévoyant	imprudent
aimé	estimé	mal-aimé
faire	fabriquer	défaire

57 Les homonymes

1. J'ai sorti un ⌈cerf⌉ de sa cage et il m'a mis un ⌈coup⌉. J'en ⌈souffre⌉ encore. C'était un grand ⌈mâle⌉ et il ⌈s'est⌉ enfui. Il ⌈court⌉ toujours, personne ne l'a ⌈pris⌉. Je pense qu'il ⌈est⌉ perdu.
2. avec les dents, il **mord** • de chaussures : **paire** • fin de vie : **mort** • ne gagne pas : **perd** • accroche des rênes : **mors** • géniteur : **père**
3. manche – mine – fort
4. Je marche (verbe) sur des marches (nom) d'escalier. Pas besoin de plan (nom) pour mettre en terre des plants (nom).
Les Celtes savaient faire (verbe) beaucoup d'outils en fer (nom). Dans les champs (nom), le vent entonne un chant (nom).
5. **Claire** voit **clair** dans son avenir : elle sera **clerc** de notaire.

58 Les niveaux de langue

1. Il a eu une de ces **peurs**. – Au contrôle, j'ai **très bien réussi** ! – Aujourd'hui, tu **travailles**. – Il a acheté des **vêtements**.
2. vociférer / crier – goguenard / moqueur – fabuler / inventer – geôle / prison – exhumer / déterrer – se pâmer / s'évanouir
3.

Registre familier	Registre courant	Registre soutenu
casser les pieds	embêter	importuner
se tirer	s'en aller	se retirer
costaud	difficile	laborieux

59 Jeux et tests d'orthographe

Test. c'est (réponse 3) • ses (réponse 1) • ces (réponse 2) • là (réponse 2) • la (réponse 1) • l'a (réponse 3) • m'as (réponse 2) • qu'elle (réponse 3) • quelle (réponse 2) • quel (réponse 1).

1. Horizontalement : hippopotame – coccinelle – panthère – tourterelle • Verticalement : rhinocéros – porc – âne – pigeon – sauterelle

60 Jeux et tests sur les mots

Test. vrai (réponse 1) • vrai (réponse 1) • faux, au sens figuré (réponse 2) • des homonymes (réponse 1) • des synonymes (réponse 2) • vrai (réponse 1) • des homonymes (réponse 1) • vrai (réponse 1) • un préfixe → **in**connu (réponse 1) • des antonymes (réponse 1).

1. VENT – DENT – JEU → Les vendanges.
2. SCIE – N'EAU – NID – MEUH → un synonyme.

Les accords dans le groupe nominal — 30

Je révise et je retiens

Le groupe nominal (**GN**) est un ensemble de mots dont le plus important est un **nom**.
Dans la phrase, le groupe nominal peut avoir la fonction de :
- **sujet** — Un bon pain est indispensable.
- **COD** — J'aime le bon pain.
- **complément circonstanciel** — J'étale du beurre sur le bon pain.

Quelle que soit la fonction du GN, tous les mots s'accordent entre eux en genre (masculin ou féminin) et en nombre (singulier ou pluriel).

un bon pain complet   des bons plats complets   la bonne brioche chaude

Je m'exerce

1 Écris chaque groupe nominal en remplaçant le nom surligné par le nom proposé entre parenthèses.

le petit chat blanc et gris (chatte)
la _____

de grands et forts taureaux (vaches)
de _____

de jolies maisons ruinées (palace)
un _____

une belle cuiller argentée (couteaux)
de _____

2 En observant le déterminant et le nom proposés, écris chaque groupe nominal en accordant les adjectifs qualificatifs.

les lampes (beau / allumé)
→ les belles lampes allumées

une pièce (grand / clair)
→ _____

les félins (rapide / sauvage)
→ _____

les falaises (haut / escarpé)
→ _____

3 En observant le nom et l'adjectif qualificatif de chaque groupe, barre les déterminants qui ne correspondent pas.

Ce / Cette / Ces voiture verte ressemble à un / une petit jouet d'enfant.

Le / La / Les chiens fidèles sont notre / nos meilleurs amis.

4 Complète le tableau en faisant varier le genre et le nombre de chaque mot.

	Adjectif exclamatif	Adjectif qualificatif	Nom commun	Adjectif qualificatif
Masculin / singulier	Quel	petit	garçon	attentionné !
Masculin / pluriel				
Féminin / singulier				
Féminin / pluriel				

31 Le complément du nom

Je révise et je retiens

Le nom ou le groupe nominal peuvent être complétés par un complément du nom.

Le complément du nom est introduit par une préposition (à, avec, de, en, par, pour…) et peut être :
- un autre nom → **la farine de blé**
- un groupe nominal → **une soupe de petits légumes**
- un adverbe → **la mode d'aujourd'hui**
- un verbe à l'infinitif → **la machine à laver**

Le complément du nom peut être introduit par un article contracté (article + préposition).
de + le → du   **la lumière du phare**   à + le → au   **la soupe au pistou**

Certains compléments du nom n'ont pas besoin de préposition pour les introduire.
l'océan Atlantique   **le roi Richard**   **la rue Sainte-Lucie**

Je m'exerce

1 Dans chaque expression, surligne le complément du nom et entoure la préposition ou l'article contracté.

une vie de chien   un fer à repasser   une aile d'avion
les terres du Sud   les croyances d'hier   la soupe au chou

2 Dans chacune des expressions suivantes, surligne le nom complété, puis classe le complément du nom dans le tableau selon sa nature.

un rouleau à pâtisserie – une bassine d'eau chaude – l'excellente musique d'hier – la fontaine aux mille vertus – une poêle à frire – une lampe à pétrole – une potée aux lardons – le temps d'avant – une table à langer

Nom	Groupe nominal	Verbe à l'infinitif	Adverbe

3 Entoure tous les compléments du nom et surligne ceux qui ne sont pas introduits par une préposition.

À Ajaccio il y a plusieurs places : citons la place du Diamant, la place Abbatucci, la place des Palmiers et la place Miot. Le cours Napoléon traverse presque toute la ville. Non loin de l'ancienne École Normale de garçons se trouve le Lycée Fesch, du nom de l'oncle de l'Empereur. Le musée de la ville porte également son nom.

La proposition subordonnée relative 32

Je révise et je retiens

Une proposition indépendante peut être complétée par une autre proposition qui, seule, n'aurait pas de sens. Cette proposition complémentaire est appelée proposition **subordonnée**. La proposition indépendante prend alors le nom de proposition **principale**.

Il prend le sac   **que je lui ai acheté.**
proposition principale   proposition subordonnée

La proposition subordonnée **relative** est introduite par un **pronom relatif** (qui, que, dont, où, lequel) et **complète un nom**. Ce nom est l'**antécédent** de la proposition subordonnée.

antécédent   pronom relatif
J'ai un chien   **qui grogne souvent.**
proposition principale   proposition subordonnée relative

Je m'exerce

1 Complète chaque phrase avec l'une des propositions subordonnées suivantes.

que je bois   dont il faut prendre soin   où tu es tombé   qui est partie

Je me méfie de l'endroit _____.

Maman a préparé le jus d'orange _____.

Voici un cheval _____.

J'aimais bien la personne _____.

2 Entoure ou surligne les propositions subordonnées relatives du texte, puis écris leur antécédent.

Je pense qu'il ne faut pas mentir. Hier, j'ai dit un mensonge qui ne m'a pas porté chance. J'avais perdu l'argent que Papa m'avait confié et j'ai inventé une histoire dont j'ai le secret : un chien avait volé le sac que j'avais laissé sur ma chaise, la somme qui s'y trouvait avait disparu. Maman a appelé tous les propriétaires de chiens du quartier qui n'ont pas apprécié. Je crois que j'ai compris la leçon.

_____

3 Quand l'antécédent est le sujet de la proposition principale, la proposition subordonnée se trouve au milieu de la phrase. Place les subordonnées suivantes.

que j'ai prise   qui me répugne le plus   dont j'ai le plus besoin

La chose _____ est vraiment l'injustice.

La punition _____ est assez salée.

Le stylo _____ a complètement disparu.

33 Jeux et tests sur les noms

TEST

Coche la bonne proposition. Tu marques 1 point par réponse juste.

- Un nom qui n'est pas un nom propre est un nom : sale ☐ commun ☐ quelconque ☐
- Dire si un nom est **masculin** ou **féminin**, c'est donner : son genre ☐ son nombre ☐
- Dire si un nom est **singulier** ou **pluriel**, c'est donner : son genre ☐ son nombre ☐
- Un adjectif qualificatif séparé du mot qu'il qualifie par un verbe d'état est : épithète ☐ attribut ☐
- Un complément du nom est toujours un autre nom : vrai ☐ faux ☐
- Le déterminant **la** est un : article défini ☐ adjectif démonstratif ☐ adverbe de lieu ☐
- Une proposition subordonnée relative complète : un nom ☐ un verbe ☐
- Dans « le fer à repasser », **à repasser** est COD ☐ COI ☐ CN ☐
- Au pluriel, le mot **pneu** prend : un **s** ☐ un **x** ☐
- Au pluriel, le mot **seau** prend : un **s** ☐ un **x** ☐

TOTAL : ...... /10

1

Trouve les 7 différences.
Elles te donneront 7 mots qui font exception dans la formation de leur pluriel. Puis écris-les.

Pluriel en S
des _____
des _____
des _____
des _____

Pluriel en X
des _____
des _____
des _____

2

Rébus.

_____

Les types de phrases — 34

Je révise et je retiens

Il existe quatre types de phrases.
- La phrase **déclarative** permet tout simplement de dire, de déclarer quelque chose.
  Je rentre chez moi.

- La phrase **interrogative** permet de poser une question.
  Que fais-tu ?   **Est-ce que tu dors ?**   **Tu as ton vélo ?**

- La phrase **exclamative** qui permet d'exprimer un sentiment ou une émotion.
  Quel bonheur !   **Comme c'est laid !**

- La phrase **impérative** exprime un ordre ou un conseil. Son verbe est à l'impératif.
  Fais ce que je dis.   **Ne prend pas ce chemin !**

Je m'exerce

1 Donne le type de chaque phrase.

Attends-moi. → type _____   Qui es-tu ? → type _____

Je suis tranquille. → type _____   Quelle saison ! → type _____

2 Parmi ces phrases, recopie celles qui sont à la forme impérative. Aide-toi en regardant le verbe.

C'est extraordinaire !   Regarde ce que tu fais !   Quel culture il possède !
Qui va s'en charger ?   Mange ton dessert.   Maintenant, passez votre chemin.
Ça fait du bien.   Comme c'est beau !   Cours sans te retourner !

_____

_____

3 Transforme les phrases suivantes en phrases interrogatives comme dans l'exemple.

Tu as faim. → Tu as faim ?
              → As-tu faim ?
              → Est-ce que tu as faim ?

Il veut son jouet. → _____
                   → _____
                   → _____

Nous chantons ce soir. → _____
                       → _____
                       → _____

35 La forme négative

Je révise et je retiens

Toutes les phrases verbales (qui contiennent un verbe) peuvent être mises à la forme négative grâce aux locutions adverbiales **ne… pas, ne… plus, ne… jamais**.

Je viens. → Je **ne** viens **pas**.   Viens. → **Ne** viens **plus**.
Tu viens ? → Tu **ne** viens **jamais** ?   C'est joli ! → Ce **n'**est **pas** joli !

Je m'exerce

1 Indique si chaque phrase est à la forme affirmative ou à la forme négative.

Je suis malheureux ! •
Il n'a pas tout pris. •
Quel jour sommes-nous ? •   • forme affirmative
On n'est jamais trop prudent. •   • forme négative
Il ne faut pas le dire ! •
J'ai trop couru. •

2 Dans chaque expression, entoure ou surligne la locution adverbiale qui donne la forme négative.

Nous **ne** sommes **pas** les derniers.

N'avez-vous plus droit à une seconde chance ?   Ne touche jamais à ça !
Ils n'ont guère le droit de se moquer des autres.   Ce n'est pas vrai du tout.
Si tu y arrives, tu n'es pas le plus bête.   Rien ne sert de courir !

3 Complète le tableau.

Forme affirmative	Forme négative
Je suis le plus fort.	Je ne suis pas le plus fort.
	Elle n'est plus mon amie.
Avez-vous mal ?	
	Ne dormez plus !
C'est parfait !	

La ponctuation 36

Je révise et je retiens

La ponctuation te permet de retranscrire à l'écrit les pauses, les silences ou les changements de ton que tu fais à l'oral.

- Le point termine une phrase. Ce peut être un simple point (.), un point d'exclamation (!) ou un point d'interrogation (?).

  Ils se promènent.   **Ça m'énerve !**   **Qui êtes-vous ?**

- La virgule (,) sépare des éléments identiques : deux propositions, deux noms, deux verbes.

  J'inspire, j'expire.   **Marie, Jean et Benoît dansent.**   **Il court, tombe et se relève.**

  La virgule sert également à marquer une pause légère quand un complément est placé en début de phrase ou en apposition.

  Hier, tu m'as sauvé la vie.   **Étienne, mon ami, arrive ce matin.**

- Les deux points (:) annoncent un dialogue, un exemple, une énumération.
- Le tiret (–) annonce une prise de parole ou les différents éléments d'une énumération.
- Les points de suspension (…) marquent une hésitation, une phrase en suspens.
- Les guillemets (« ») encadrent un dialogue ou une citation.

  L'instituteur demande :
  « – As-tu ton exposé sur « La Guerre du feu » ?
  – Non, Monsieur !
  – Pourquoi donc ?
  – Eh bien… c'est-à-dire…
  – C'est-à-dire que tu n'as pas lu le livre ! »

Je m'exerce

1 **Place dans le texte les points et virgules qui manquent.**

Ça y est enfin ☐ c'est parti ☐ J'annonce au pilote les virages ☐ la vitesse et l'état de la route ☐ Vue la rapidité de cette voiture ☐ nous allons sûrement gagner la spéciale du rallye ☐ Thierry ☐ le pilote ☐ est très concentré ☐ Il fait voler la voiture de virage en virage ☐

2 **Complète le texte avec les points qui manquent : . ! ou ?.**

Qu'ils sont beaux tous ces objets sortis du grenier de nos grands-parents ☐ On trouve là des choses disparues de nos vies modernes ☐ Connais-tu le rôle de ceci ☐ C'est une petite jarre à huile d'olive que l'on gardait dans la cuisine ☐ Quelle merveille ☐ Tu l'achètes ☐

3 **Complète le texte avec les signes. Tu dois tous les utiliser une seule fois chacun.**

.   ?   ,   !   « »   …

Je me rappelle ☐ c'était en ☐ juillet 1969 ☐ J'avais lu ☐ De la Terre à la Lune ☐ de Jules Verne et les Américains envoyaient une fusée vers ce satellite ☐ As-tu lu ce livre ☐

37 Forme active et forme passive

Je révise et je retiens

- Quand une phrase est à la forme **active**, c'est le sujet de la phrase qui fait l'action.
  Le menuisier rabote la planche.

- Lorsque la phrase est à la forme **passive**, le sujet subit l'action d'un complément d'agent.
  La planche est rabotée par le menuisier.
  complément d'agent

Je m'exerce

1 Transforme les phrases suivantes en passant de la forme active à la forme passive. Le temps employé doit rester le même et tu dois parfois faire un accord.

Le cuisinier invente un plat. → _____.
Un chien suivait une voiture. → _____.
Claude visitera un château. → _____.
Maman conduit la voiture. → _____.

2 Souligne le complément d'agent, puis passe de la forme passive à la forme active.

La formule est découverte par un savant. → _____.
Le chantier sera dirigé par une femme. → _____.
La maison a été touchée par la foudre. → _____.
Ce roman a été écrit par Victor Hugo. → _____.

3 Classe chaque phrase selon sa forme en écrivant sa lettre dans la bonne colonne du tableau.

a) Ma tante a été félicitée par le Président de la République.
b) Elle a sauvé un enfant qui se noyait dans une rivière en crue.
c) Elle a été décorée par le Premier Ministre.
d) Le Président était en déplacement à l'étranger.
e) Elle fut envahie par l'émotion lors de la cérémonie.
f) Tata Danièle a un peu pleuré.
g) Elle a été soutenue par la famille du petit garçon.
h) La médaille est sur l'étagère de la salle à manger.

Forme active	Forme passive
_____	_____

Les propositions indépendantes 38

Je révise et je retiens

Une proposition indépendante constitue une phrase à elle seule. Si l'on veut une phrase plus longue ou si l'on désire éviter des répétitions, on peut attacher ensemble deux, voire trois propositions.
Si on lie les propositions par une virgule, on dit qu'elles sont **juxtaposées**.
Je vais à l'école, j'y retrouve mes amis.

Si on lie les propositions par une conjonction de coordination (mais, ou, et, donc, or, ni, car), on dit qu'elles sont **coordonnées**.
Je vais à l'école et j'y retrouve mes amis.

Je m'exerce

1 Forme une phrase avec les deux propositions indépendantes en les liant par une virgule puis par une conjonction de coordination (mais, ou, et, donc, or, ni, car).

Je goûte. Je travaille. → Juxtaposition : Je goûte, je travaille.
→ Coordination : Je goûte et je travaille.

Il mange. Il a faim. → Juxtaposition : _____
→ Coordination : _____

Ils s'endorment. Ils sont souvent réveillés. → Juxtaposition : _____
→ Coordination : _____

2 Lie les trois propositions indépendantes comme dans l'exemple (évite les répétitions).

Il se promène. Il voit des copains. Il s'amuse.
→ Il se promène, voit des copains et s'amuse.

Sylvie cueille des fruits. Elle les ramène à la maison. Elle les mange.
→ _____

Michel achète des billets. Il t'en offre un. Vous allez au cinéma.
→ _____

3 Complète les phrases avec chacune des conjonctions de coordination proposées.

ou   car   or

Tu as soif _____ tu as marché.
Le ciel est bleu _____ je reçois des gouttes d'eau.
Je vais à la salle de sport _____ je reste assis devant la télé ?

39 Phrase simple et phrase complexe

Je révise et je retiens

- Une phrase **simple** est une phrase qui ne comporte qu'une seule proposition.
Une phrase **complexe** comporte plusieurs propositions.

    Aujourd'hui, il fait beau.   **Il fait beau quand je travaille.**
    phrase simple : une proposition   phrase complexe : deux propositions

- Une proposition qui a un sens quand elle est prise seule est une proposition **indépendante**.
Une proposition qui n'a pas de sens en dehors de la phrase est une proposition **subordonnée**.
Quand il y a une proposition subordonnée, la proposition indépendante prend le nom de proposition principale.

    Nous partons nous promener dès qu'il fait beau.
    proposition principale   proposition subordonnée

- Une proposition subordonnée **relative** complète un **nom** appelé antécédent.

- Une proposition subordonnée **conjonctive** complète un **verbe**.

- Une proposition subordonnée **circonstancielle** renseigne sur les circonstances de l'action décrite par la phrase : le temps, la manière, la cause ou la condition.

Je m'exerce

1 Dans chaque phrase, entoure en jaune la proposition principale et en bleu la proposition subordonnée.

J'aime bien le bureau que m'a acheté ma mère.
Je sors du cinéma quand tout le monde est sorti.
On pense que tous les invités sont partis.
Quand ils jouent, ils font beaucoup de bruit.

2 Relie chaque phrase au type de proposition subordonnée qu'elle contient.

Le train que j'ai pris est rapide. •
Je pense que tu as compris. •   • proposition subordonnée relative
Nous croyons qu'il va gagner. •
J'aime bien le film que tu regardes. •   • proposition subordonnée conjonctive
Il a reçu une lettre qui lui a fait plaisir. •

3 Écris en face de chaque proposition subordonnée le type de circonstance qu'elle indique.

dès que tu appelles → le temps   parce que tu m'embêtes → _____
comme tu me l'as demandé → _____   si Mario vient chez moi → _____

L'analyse grammaticale 40

Je révise et je retiens

Analyser une phrase, c'est donner la **nature** de chacun des mots qui la composent, leur **genre**, leur **nombre** et la **fonction** qu'ils occupent dans la phrase.

• La **nature** d'un mot, c'est le nom que l'on donne à ce type de mot : c'est son nom grammatical. Ce peut être un nom, un verbe, un article, un adjectif possessif, un adjectif qualificatif, une conjonction de coordination, etc.
On précise le genre du mot (on indique s'il est masculin ou féminin) et le nombre du mot (on indique s'il est employé au singulier ou au pluriel).

• La **fonction** du mot ne peut se donner que dans une phrase précise. C'est son rôle dans la phrase. Un mot peut être sujet, verbe, épithète, attribut, complément du nom ou complément circonstanciel, etc.

Un grand chien mange une pâtée.

groupe nominal sujet (GNS) _____ groupe verbal (GV)

- **un** → article indéfini masculin singulier, déterminant du nom **chien**, GNS
- **grand** → adjectif qualificatif masculin singulier, épithète du nom **chien**, GNS
- **chien** → nom commun masculin singulier, noyau du GNS du verbe **manger**
- **mange** → verbe **manger**, 1er groupe, 3e personne du singulier au présent de l'indicatif
- **une** → article indéfini féminin singulier, déterminant du nom **pâtée** ⎤ groupe nominal
- **pâtée** → nom commun féminin singulier,   ⎦ COD

Je m'exerce

1 **Relie chaque mot à sa nature.**

important •
fleuves •   • nom commun
blanc •
mes •   • adjectif possessif
triste •
grippe •   • adjectif qualificatif
sa •

2 **Indique la fonction des mots surlignés dans la phrase.**

Le grand lit est défait.

Le → _____
grand → **épithète du nom lit, élément du GNS**
lit → _____
défait → _____

3 **Analyse la phrase qui suit.**

Cette petite école est sympathique.

Cette → _____

petite → _____

école → _____

est → _____

sympathique → _____

41 Repérer les indications de temps

Je révise et je retiens

Quand tu lis un texte, tu peux y trouver de nombreuses indications qui te renseignent sur le moment de l'action ou sa durée. Ces indications de temps peuvent être :
- des adverbes de temps compléments circonstanciels → **hier, bientôt**
- des groupes nominaux complément circonstanciels → **la semaine dernière, ce matin**
- des propositions subordonnées circonstancielles → **dès que le soleil se lève quand tu pourras**

Je m'exerce

1 Écris en face de chaque adverbe de lieu le groupe nominal qui a la même signification.

dans peu de temps   ce jour   le jour qui précède   chaque année   en ce moment même

annuellement → _____

aujourd'hui → _____

bientôt → _____

maintenant → _____

hier → _____

2 Relie les différents indicateurs au moment qu'ils désignent.

- dix ans en arrière •
- pas plus tard que demain •   • passé
- à l'instant même •   • présent
- Il y a trois secondes •   • futur
- quand tu auras fini •

3 Entoure dans le texte les différentes indications de temps puis classe-les dans le tableau.

Je te prêterai ce livre quand les poules auront des dents. Hier, tu as voulu le déchirer lorsque je le lisais et maintenant, tu me le demandes ? Et ne pense pas l'avoir ce soir ou demain !

Adverbe complément circonstanciel	Groupe nominal complément circonstanciel	Proposition subordonnée circonstancielle
_____	_____	_____
_____	_____	_____
_____	_____	_____

Repérer les indications de lieu — 42

Je révise et je retiens

Pour éviter les répétitions dans un texte, on utilise différents types de mots pour désigner des lieux. Le lieu peut être indiqué par :
- un nom propre ou un groupe nominal → Strasbourg, les Alpes, l'île de beauté
- un adverbe de lieu → ici, là — Je suis né ici.
- un pronom personnel → il, elle, lui — Cette ville, je lui reste fidèle.
- un pronom complément → J'y cours. Il en revient.
- un pronom COD → Je la visite.
- un pronom démonstratif → celui-ci, celles-là
- un pronom possessif → J'aime bien ton village, mais je préfère le mien.

Je m'exerce

1 Complète les phrases par l'indicateur demandé afin d'éviter la répétition du lieu.

Ah, **Venise**, j'_____ retourne dès que je peux. _____ comme ça,
    (pronom complément)   (groupe nominal féminin singulier)

je n'_____ connais pas d'autre. _____ regorge d'œuvres d'art.
  (pronom complément)   (pronom démonstratif)

2 Réécris le texte suivant en utilisant le sujet proposé.

Ma ville me plaît. Je m'y promène souvent et elle m'étonne toujours. Je la découvre petit à petit et je n'en ai toujours pas fait le tour. Il y a d'autres belles villes ailleurs, mais celle-là a quelque chose de particulier : c'est la mienne !

Mon quartier me plaît. _____

_____

_____

3 Indique ce que sont devenus les différents substituts du nom dans le texte que tu as écrit dans l'exercice 2.

Ma ville → Mon quartier		Je m'y →	
elle →		la découvre →	
je n'en ai →		d'autres belles villes →	
celle-là →		la mienne →	

43 Repérer les substituts du nom

Je révise et je retiens

Pour éviter la répétition d'un même nom dans un texte, on peut utiliser des substituts du nom, c'est-à-dire des mots ou groupes de mots qui vont le remplacer dans la phrase ou la proposition. Ces substituts du nom peuvent être :

- des pronoms personnels → **il   elles   lui   eux**
- des pronoms COD → **Il le voit.   Elle les prend.**
- des pronoms COI → **Je lui donne.   Nous leur parlons.**
- des pronoms personnels compléments → **J'y vais.   J'en viens.**
- des pronoms possessifs → **Prête-moi le tien.   Je préfère la mienne.**
- des pronoms démonstratifs → **Celle-ci est meilleure.   Ceux-là sont moisis.**
- des groupes nominaux pouvant contenir des synonymes.

Je m'exerce

1 Dans le texte suivant, entoure tous les substituts qui permettent d'éviter la répétition du nom Paul.

Paul arrive demain. Je suis pressé de le voir car il est gentil et cultivé. Avec ce bon marcheur, nous parcourons la campagne en quête de maisons abandonnées ou de traces d'un passé plus lointain. Mon ami est toujours partant pour une expédition champêtre, la pelle à la main et le sac sur le dos. Celui-là, c'est un véritable aventurier ! Je lui voue une grande admiration.

2 Classe les substituts du nom relevés dans le texte de l'exercice 1.

groupe nominal : _____
_____

pronom personnel : _____
pronom COD (qui ? quoi ?) : _____
pronom COI (à qui ? à quoi ?) : _____
pronom démonstratif : _____

3 Dans chaque phrase, évite la répétition du nom surligné en employant un substitut.

Marie est curieuse, _____ n'arrête pas de lire.

Je prends ma sacoche, tu prends la _____ ?

J'achète un cadeau et je _____ offre à ma mère.

Tu reviens de Corse et mon frère _____ va.

4 Utilise les substituts proposés pour éviter les répétitions dans le texte.

Ce quadrupède   il   Mon chien
lui   le

_____ s'échappe tout le temps.
GN

À ce petit jeu, c'est _____ le plus fort.
pronom COD

_____ attend que je tourne la tête
GN

et il s'en va. Parfois, je _____ retrouve
pronom COD

chez les voisins, parfois _____ revient seul.
pronom personnel

Phrases et types de texte 44

Je révise et je retiens

On reconnaît les différents types de textes grâce à la construction de leurs phrases et au vocabulaire qu'ils emploient.

• Une **recette de cuisine** ou un **mode d'emploi** privilégient des phrases contenant un verbe à l'infinitif.
    Faire cuire trois oignons.   Beurrer le moule.   Assembler A et B.   Visser à fond.

• Un **énoncé** ou une **consigne** comportent des verbes à l'impératif.
    Trace la droite D.   Mesurez le côté du carré.   Classe les verbes dans le tableau.

• Un **conte** comprend des descriptions. L'action se déroule souvent dans le passé.
Il y a bien longtemps, dans un pays lointain…   Il était une fois une belle princesse…

• Une **poésie** comporte des vers, des rimes et des images poétiques.
    Tel une longue pensée, à ma vitesse, il fuit
    Je ne peux le saisir ou bien le devancer
    Malgré tous mes efforts, prolongeant mon ennui
    Mon temps, si tristement, n'arrête de passer.

Je m'exerce

1 **Transforme la lettre de Xavière en recette avec des verbes à l'infinitif.**

Pulenta corse (8 personnes)

a) **Prendre** _____.
b) _____.
c) _____.
d) _____.
e) _____.
f) _____.

Chère Christine,
Voici la recette de la « pulenta » corse pour 8 personnes, comme tu me l'avais demandée.
a) Tu prends deux litres d'eau, tu les fais bouillir. b) Tu y ajoutes une pincée de sel. c) Tu remues en ajoutant 1 kg de farine de châtaigne petit à petit. d) Tu tournes cette pâte pendant 20 minutes sur un feu doux. e) Ensuite, tu renverses le tout sur un torchon. f) Tu la sers chaude avec des œufs frits et du « brocciu ».
À bientôt, Xavière

2 **Relie chaque phrase au type de texte dont elle est tirée.**

Oh joie ineffable, oh souvenir précieux… •   • article de journal

Classe chaque proposition dans le tableau. •   • conte

Dans un vacarme assourdissant, le chevalier s'élança. •   • poésie

Dès la première étape, le coureur a pris la tête. •   • énoncé

45 Jeux et tests de grammaire

TEST

Coche la bonne proposition. Tu marques 1 point par réponse juste.

• Dire d'une phrase qu'elle est déclarative ou interrogative, c'est donner :
  - son type ☐
  - son genre ☐
  - sa forme ☐

• Dire d'une phrase qu'elle est négative, c'est donner :
  - son type ☐
  - son genre ☐
  - sa forme ☐

• La phrase « Le texte est écrit par les élèves. » est à la forme :
  - active ☐
  - passive ☐

• Deux propositions indépendantes liées par une virgule sont des propositions :
  - coordonnées ☐
  - juxtaposées ☐

• Une proposition subordonnée conjonctive complète :
  - un nom ☐
  - un verbe ☐

• Dire d'un mot que c'est un **nom**, c'est donner :
  - son genre ☐
  - son nombre ☐
  - sa nature ☐

• Dire d'un mot qu'il est le **sujet** d'une phrase, c'est donner :
  - son genre ☐
  - sa nature ☐
  - sa fonction ☐

• Dire d'un groupe nominal qu'il est le COD d'un verbe, c'est donner :
  - son genre ☐
  - sa nature ☐
  - sa fonction ☐

TOTAL : …… /8

1 Chassé-croisé grammatical.

Horizontalement
1. Complément indiquant les circonstances de l'action.
2. Le rôle du mot dans la phrase, c'est sa …
3. Négation
4. Infinitif du verbe de la phrase « Il naquit un beau jour. »
5. Quand une phrase n'est pas à la forme passive, elle est à la forme…
6. Mode de conjugaison qui permet de donner un ordre.
7. Infinitif du verbe de la phrase : « Nous avions perdu la tête. »

Verticalement
A. Lorsque le verbe n'est pas conjugué, il est à l'…
B. Donner le nom grammatical d'un mot, c'est donner sa…
C. Quand un verbe n'est pas un verbe d'état.
D. Phrase comportant une négation.
E. Complément d'objet direct.
F. Quand un verbe n'est pas un verbe d'action.
G. Le mot de la phrase qui se conjugue.

Jeux et tests sur les textes — 46

TEST
Coche la bonne proposition. Tu marques 1 point par réponse juste.

- Dans un texte, les signes qui indiquent les pauses ou les changements de ton sont les signes :
  - de piste ☐
  - de ponctuation ☐
  - de signalisation ☐
- Il y a deux sortes de points pour terminer une phrase (à part les points de suspension) : vrai ☐ faux ☐
- Les indications de temps dans un texte sont toujours données par des adverbes : vrai ☐ faux ☐
- Utiliser un pronom permet d'éviter les répétitions dans un texte : vrai ☐ faux ☐
- Une indication de lieu peut être donnée par un nom propre : vrai ☐ faux ☐
- Dans une recette de cuisine, les verbes sont souvent : au conditionnel ☐ à l'infinitif ☐
- Dans un conte, on emploie souvent des temps : du passé ☐ du présent ☐ du futur ☐
- Dans une consigne, les verbes sont souvent : au conditionnel ☐ à l'impératif ☐

TOTAL : ...... /8

1
Utilise les rébus pour compléter le texte.

Morgane est une jeune fée très _____. Elle a perdu sa _____ dans la _____. Tous les lutins se moquent de son _____. Pauvre Morgane !

2
Charade.

Mon premier est la 11ᵉ lettre de l'alphabet.
_____
Mon second est un petit rongeur qui aime les égouts.
_____
Mon troisième, c'est ce que l'on fait quand on met un pied devant l'autre.
_____
Mon quatrième est le début de la cerise.
_____
Mon tout est la maison de la tortue.

C'est sa _____ !

Le dictionnaire

 Je révise et je retiens

- Le dictionnaire est un livre qui rassemble tous les mots d'une langue, classés dans l'ordre alphabétique. Il te permet de trouver l'**orthographe** d'un mot, sa **définition** mais également sa **nature**, son **genre**, quelques **synonymes** et sa **prononciation** exacte.
Les abréviations que tu peux y rencontrer sont expliquées dans les premières pages.
  n . m. : nom masculin   **adv. : adverbe**   **inv. : invariable**

- Pour te servir du dictionnaire, il te faut connaître parfaitement l'alphabet.
Les pages du dictionnaire te donnent des points de repère pour trouver plus vite un mot.

Ici, tu vois d'un coup d'œil le premier mot de la page.  Là, tu vois d'un coup d'œil le dernier mot de la page.

Je m'exerce

1 **Cherche dans ton dictionnaire le mot maison.**

Quels sont sa nature et son genre ? _____

Quelle est sa première définition ? _____
_____

Quel verbe vient juste après ? _____
Quel nom vient juste avant ? _____

2 **Que signifient dans le dictionnaire les abréviations suivantes ?**

n. f. : _____   v. tr. : _____
loc. : _____   adv. : _____

3 **Remplace chaque mot surligné par un synonyme que tu trouveras dans ton dictionnaire.**

La majeure partie du programme est terminée.
_____

La pollution est dramatique pour l'environnement.
_____

4 **Classe les mots suivants par ordre alphabétique.**

  expérience   expiation   expiration   expérimenter   expirer

_____

Les sens d'un mot — 48

Je révise et je retiens

Un mot peut avoir plusieurs sens selon le contexte de la phrase dans laquelle il est employé.

J'ai une **table** ronde. → meuble
Il apprend ses **tables**. → tableau mathématique
Le violon a une **table** bombée. → dessus de l'instrument

Je m'exerce

1 Écris le sens du mot surligné selon le contexte.

Maman **couve** ses enfants. _____
La poule **couve** ses œufs. _____
Mon frère **couve** une grippe. _____
Je **monte** les œufs en neige. _____
Il **monte** les escaliers. _____
Tu **montes** le son de ta radio. _____

2 Trouve le nom qui peut remplacer les trois mots surlignés dans les phrases suivantes.

Camille pose un **calcul** au tableau.
Les militaires sont en **mission** à l'étranger. → _____
Le chirurgien pratique une **intervention**.

3 Complète les deux expressions avec le même adjectif.

En été, le temps est souvent _____. Il me parle d'un ton très _____.

4 Complète les deux expressions avec le même verbe.

Le tireur _____ la cible de peu. Il _____ de temps pour lui.

5 Complète les deux expressions avec le même nom.

Autour du pré, il pose une _____. C'est la _____ du festival.

6 Réponds à la devinette.

Selon le contexte, je peux être :
– une courte lettre
– un moyen de paiement
– un dessin permettant de trouver son trajet
– un élément d'un jeu

Je suis _____ .

49 Sens propre et sens figuré

Je révise et je retiens

Un mot peut être pris au sens propre ou au sens figuré.
- Au **sens propre**, il correspond à une chose concrète, c'est le propre sens du mot, son origine.
   un plat salé → sens propre, le plat contient beaucoup de sel.
- Au **sens figuré**, le mot correspond à une image, c'est une adaptation du mot.
   une note de restaurant salée → sens figuré, le repas est très cher.

Je m'exerce

1 Selon le sens du mot surligné, relie chaque expression à la bonne étiquette.

un **casse**-pieds •

un chemin **tortueux** •

Julien se **couche** •   • sens propre

un esprit **tortueux** •

l'homme a été **mordu** •

le **courant** électrique •

un pied **cassé** •   • sens figuré

le soleil se **couche** •

il est au **courant** •

c'est un **mordu** de vidéo •

2 Recopie la bonne signification en face de chaque expression au sens figuré.

| être généreux | zozoter | s'échapper rapidement | ne pas bien se comporter | parler sans retenue |

Prendre ses jambes à son cou, c'est _____

Avoir un cheveux sur la langue, c'est _____

Ne pas avoir sa langue dans la poche, c'est _____

Avoir le cœur sur la main, c'est _____

Filer un mauvais coton, c'est _____

3 Trouve les deux sens du verbe déménager.

sens propre : _____   sens figuré : _____

Distinguer ou / où, quel(s) / quelle(s) / qu'elle(s) — 50

Je révise et je retiens

ou — C'est une conjonction de coordination qui indique un choix.
Tu peux le remplacer par une autre conjonction (**et**, **ou bien**).
Il a la rougeole ou la varicelle. → **Il a la rougeole ou bien la varicelle.**

où — C'est un adverbe qui indique un lieu, un endroit ou un moment précis.
Je vais où l'on m'appelle au moment où suis convoqué.

quel(s)
quelle(s) — Ce sont des déterminants du nom, des adjectifs exclamatifs ou interrogatifs.
Ils s'accordent en genre et en nombre avec le nom qu'ils déterminent.
Quel contrôle ?   **Quels nuages !**   **Quelle chance !**
Quelles maladies sont contagieuses ?

qu'elle
qu'elles — Il s'agit de la conjonction **que** suivie du pronom personnel **elle** ou **elles**.
Dans la phrase, tu peux les remplacer par **qu'il** ou **qu'ils**.
Ma chemise, il faut qu'elle soit propre ! (Mon pantalon → **qu'il** soit…)
Mes cousines, il faut qu'elles soient gentilles ! (Mes cousins → **qu'ils** soient…)

Je m'exerce

1 **Mets au féminin les phrases suivantes.**

Quel idiot, je souhaite qu'il s'en aille !
_____

Quels étourdis, je pense qu'ils sont au Trocadéro !
_____

2 **Complète le texte suivant avec quel, quels, quelle, quelles, qu'elle ou qu'elles.**

_____ histoire ! _____ malheur ! Je crois _____ l'ont fait exprès.
_____ soient venues juste aujourd'hui n'est pas innocent.
_____ sont ces gens qui les accompagnent ?
Une journée pareille, je voudrais _____ se termine vite !

3 **Complète les phrases avec ou ou où.**

_____ es-tu, en Bretagne _____ en Normandie ?
Est-il en vacances _____ au travail ?
_____ va Carole à l'instant _____ je te parle ?
_____ il me suit, _____ il reste là.
Je ne sais pas _____ aller.

51 Distinguer c'est / s'est / ces / ses

Je révise et je retiens

c'est et **s'est** contiennent le verbe **être**. Tu peux le conjuguer à un autre temps.
  C'est bien. → **C'était** bien.   Il **s'est** mal garé. → Il **s'était** mal garé.
- **c'est** peut être remplacé par **cela est** ou **il est**.
  C'est bien. → **Cela est** bien.   **C'est** dommage… → **Il est** dommage…

- **s'est** fait partie de la conjugaison pronominale, 3ᵉ personne du singulier.
Tu peux le remplacer par d'autres personnes.
  Il **s'est** trompé. → Je **me suis** trompé.   Tu **t'es** trompé.

ces et **ses** Ce sont des déterminants du nom. On les trouve toujours devant un nom.
- **ces** est un adjectif démonstratif au pluriel : **ces** tables (→ **cette** table)
- **ses** est un adjectif possessif au pluriel : **ses** jeux (→ **les siens**)

Je m'exerce

1 Complète le texte avec **c'est** ou **s'est**.

_____ dommage, Roger _____ fait battre d'une seconde. _____ quand il _____ retourné qu'il _____ vu battu.

2 Complète les phrases avec **ces** ou **ses**.

- _____ monuments sont extraordinaires, _____ paysages également !
- Il a repris toutes _____ affaires : _____ stylos et _____ crayons.
- Il a _____ habitudes, il déjeune dehors malgré toutes _____ averses.

3 Mets au pluriel les groupes nominaux suivants.

cet avion : _____   son lapin : _____
cette viande : _____   sa moto : _____
ce matelas : _____

4 Complète le texte à l'aide des étiquettes.

    c'est   s'est   ces   ses

Dis à Matthieu que _____ Papa qui a pris _____ affaires.
Il _____ trompé en partant et a emporté _____ fournitures scolaires.
Et _____ sachets-là, à qui sont-ils ? _____ à toi, Antoine ?

Distinguer la / là / l'a / l'as, ma / m'a / m'as, ta / t'a — 52

Je révise et je retiens

la — C'est l'article défini féminin singulier (déterminant) ou un pronom COD.
Et la leçon, je la connais !
article ← → pronom COD

là — C'est un adverbe indiquant un lieu, opposé à **ici**.
Ici ou là, quelle importance ?

l'as, l'a — sont formés du pronom COD **le** ou **la** suivi du verbe **avoir** à la 2ᵉ ou à la 3ᵉ personne du singulier.
Tu peux les remplacer par une autre forme de conjugaison.
tu l'as   il l'a   →   je l'ai   tu l'avais   il l'avait

ma, ta — Ce sont des déterminants du nom, des adjectifs possessifs féminin singulier.
Tu peux donc les mettre au pluriel ou changer de possesseur.
ma radio → mes radios   ta casquette → sa casquette

m'as, m'a, t'a — sont issus d'une conjugaison à la forme pronominale utilisant l'auxiliaire **avoir**. On les trouve donc toujours devant un participe passé.
Tu me parles. → Tu m'as parlé   Il me donne. → Il m'a donné.
Il te cherche. → Il t'a cherché.

Je m'exerce

1. Complète le texte avec les étiquettes qui conviennent.

la   là   l'as   l'a

Tu _____ vue cette nouvelle console, celle qui est _____ dans la vitrine ?

Gaël _____ commandée la semaine dernière et _____ recevra demain.

J'espère que je pourrai _____ voir chez lui, il habite juste _____ .

2. Place les différents homophones au bon endroit dans le texte.

ma   m'a   m'as   ta   t'a

Mon cousin _____ dit que _____ tante était trop sévère. Je lui ai répondu :

« Si _____ mère est aussi sévère que la mienne, tu n'as pas à te plaindre. Sinon, tu

_____ menti et ta famille _____ mal élevé ! » Il _____ ri au nez !

3. Réécris la phrase avec le nouveau sujet proposé.

Je l'ai vue. Elle m'a roulé. Je la déteste.

Tu _____

53 Radical, préfixe, suffixe

Je révise et je retiens

Radical signifie **racine**. Le radical est un mot simple ou une partie de mot simple. C'est une base à laquelle on peut ajouter un préfixe, un suffixe, ou bien les deux, pour construire des **mots dérivés**.

dé + bouche = **dé**bouche
préfixe   radical   mot dérivé

bouche + **on** = bouch**on**
radical   suffixe   mot dérivé

em + bouche + **ure** = **em**bouch**ure**
préfixe   radical   suffixe   mot dérivé

Le préfixe se place **avant** le radical. Le suffixe se place **après** le radical.

Je m'exerce

1 Sépare par un trait vertical le préfixe du radical.

la révision – le désespoir – un bicéphale – déranger – surveiller – un paravent – désamorcer – prétendre – refaire – le paratonnerre

2 Trouve le contraire des mots suivants en leur ajoutant un préfixe.

loger → _____   propre → _____
buvable → _____   mobile → _____
inflammable → _____   coudre → _____

3 Relie chaque mot à l'étiquette indiquant le sens de son préfixe.

surcharger •   • trop
préhistoire •   • négation
démettre •   • répétition
bicyclette •   • deux
refaire •   • suppression
imbattable •   • avant

4 À l'aide de l'indication entre parenthèses, trouve le mot dérivé du mot surligné correspondant à la définition.

(+ suffixe) Une petite **fourche** est une _____.

(+ préfixe) Le contraire de **ranger** c'est _____.

(+ préfixe, + suffixe) Celui qui n'a plus de **courage** est atteint de _____.

Étymologie et familles de mots 54

Je révise et je retiens

• Une **famille de mots** est formée de tous les mots qui possèdent le **même radical**. On l'appelle aussi **famille étymologique**. Les mots d'une même famille évoquent souvent une même idée générale ou un même objet.

    terre → **terrain**   **terroir**   **territoire**   **terreau**
               atterrir   **atterrissage**   **terre-plein**   **parterre**

Il ne faut pas les confondre avec des **synonymes**, qui sont un ensemble de mots ayant le même sens, mais qui ne font pas partie de la même famille.

• On peut regrouper autour d'un même **thème** des mots de familles différentes pour en faire une **famille thématique**.

    couteau   **fourchette**   **cuiller** → thème des couverts de table

Je m'exerce

1 Dans chaque famille étymologique, trouve les deux intrus et entoure-les.

cent → centaine – centrifuge – centurion – pourcentage – central – centième

porc → porcelet – porche – porcelaine – porc-épic – cochon – porcin

tour → tourniquet – tournoi – trouvant – tournant – détourner – tourment – retour

roc → rocaille – rocher – empierrement – rocailleux – escroc – enrochement

2 Dans chaque liste, colorie le mot demandé.

Famille de champ	chant	champignon	blé
Thème : la lumière	lustre	lampée	hameçon
Synonyme d'enlever	ajouter	lever	ôter

3 Reconstitue trois familles étymologiques à l'aide des étiquettes. Attention, il y a un intrus !

arbre	marbrier	terroriste	terre	arbrisseau	terreur
arboré	marbrerie	terroriser	marbré	arbuste	marbre

• _____
• _____
• _____

𝓛'intrus est : _____

55 Les lettres finales muettes

Je révise et je retiens

• Certains mots de la langue française se terminent par une lettre que l'on n'entend pas. Cette lettre muette, souvent la trace du vieux mot latin d'origine, complique l'orthographe des mots. Pour la retrouver, tu peux chercher un mot de la même famille qui, lui, a conservé la lettre dans sa prononciation.

    pays → **paysan**   **combat** → **combattant**   **faim** → **famine**

• Si tu parles une langue restée plus proche du latin que le français actuel (l'italien, l'espagnol ou une langue régionale du sud de la France), cela peut aussi t'aider à retrouver la lettre muette finale.

    el puerto   **il porto**   **u portu**   **le port**
    (espagnol)   (italien)   (corse)

Je m'exerce

1 Écris la lettre finale et le mot qui t'aide à la trouver.

la mor___ → _____

un flo___ → _____

le po___ → _____

un bra___ → _____

un escro___ → _____

un poin___ → _____

2 Écris le mot de la même famille étymologique que le mot surligné qui correspond à la définition donnée.

Une dent pour **croquer**, c'est un _____.

Une **porte** ouverte sur la mer, c'est un _____.

Celui qui passe par la porte **cochère**, c'est le _____.

Un artiste **talentueux** est un homme de _____.

Corpus, en latin, c'est le _____ en français.

Tempus, en latin, donne le mot français _____.

3 Complète les expressions suivantes en t'aidant d'un dictionnaire si nécessaire.

un heureu___ homme – un talu___ abrupt – une jolie perdri___ – la voi___ du ténor – un puit___ d'eau fraîche – le maqui___ corse – une noi___ de coco – un choi___ difficile – la voi___ lactée – un moi___ de vacances – un bosque___ touffu

Synonymes et antonymes — 56

Je révise et je retiens

- Les **synonymes** sont des mots de même nature qui ont le **même sens** ou un sens très proche.
  Noms → **enfant / gamin**   Verbes → **tomber / chuter**   Adjectifs → **géant / immense**

Pour trouver le synonyme d'un mot, il faut connaître le contexte dans lequel il est placé.
Par exemple, le mot **masque** :
 – est synonyme de **loup** dans la phrase :   **Elle cache son visage derrière un loup.**
 – mais pas dans la phrase :   **Le loup a dévoré sa grand-mère.**

- Les **antonymes** sont des mots de même nature mais de **sens contraire**.
Ils sont parfois issus d'un même mot radical muni d'un préfixe.
  disponible / **in**disponible   ranger / **dé**ranger   **sym**pathique / **anti**pathique
Deux antonymes peuvent aussi être deux mots totalement différents.
  grand / petit   **veiller / dormir**   **la joie / la tristesse**

Je m'exerce

1 Trouve le synonyme de chaque expression, puis son antonyme.

Mettre en équilibre, c'est → é_____   contraire : _____
Petit homme des contes → n_____   contraire : _____
Ne pas manger, c'est → j_____   contraire : _____
Une chose réalisable est → r_____   contraire : _____

2 Trouve les antonymes des mots suivants, formés avec des préfixes.

praticable / _____
actif / _____
visser / _____
activé / _____

3 Relie le mot **tête** à son synonyme, suivant le contexte.

Il a mal à la tête. •   • génie
C'est une tête. •   • crâne
Tu es en tête. •   • premier

4 Place les mots suivants dans le tableau.
fabriquer – estimé – prudent – mal-aimé – faire – imprudent

Mot d'origine	Synonyme	Antonyme
	prévoyant	
aimé		
		défaire

57 Les homonymes

Je révise et je retiens

Des **homonymes** sont des mots qui **se prononcent de la même façon** mais qui n'ont **pas le même sens** et parfois pas la même nature.
  mon **père**   un nombre **pair**   une **paire** de chaussures

Les homonymes qui **s'écrivent de la même façon** sont appelés **homographes**.
  dormir sous la **tente**   il **tente** sa chance

Je m'exerce

1 Entoure ou surligne la bonne proposition.

J'ai sorti un serf / cerf / serre de sa cage et il m'a mis un cou / coup . J'en souffre / soufre encore. C'était un grand mâle / mal et il sait / s'est / c'est enfui. Il cour / cours / court / courre toujours, personne ne l'a prit / prix / pris . Je panse / pense qu'il est / ait / es / haie perdu.

2 Place chaque homonyme en face de sa définition.

mort   mors   mord   perd   père   paire

avec les dents, il : _____   de chaussures : _____
fin de vie : _____   ne gagne pas : _____
accroche des rênes : _____   géniteur : _____

3 Trouve les homographes correspondant à chaque définition.

de pioche – de chemise – un bras de mer : _____
d'or, d'argent ou de fer – bonnes couleurs au visage : _____
costaud si c'est un adjectif – château si c'est un nom : _____

4 Écris sous chaque homonyme s'il s'agit d'un nom ou d'un verbe.

• Je marche sur des marches d'escalier.   • Pas besoin de plan pour mettre en terre des plants.
  _____   _____   _____   _____

• Les Celtes savaient faire beaucoup d'outils en fer.   • Dans les champs, le vent entonne un chant.
  _____   _____   _____   _____

5 Trouve et écris les trois homonymes qui peuvent compléter la phrase.

_____ voit _____ dans son avenir : elle sera _____ de notaire.
nom propre   adjectif qualificatif   nom commun
              employé comme adverbe

Les niveaux de langue 58

Je révise et je retiens

Suivant les situations, utilise un langage, des expressions et des mots différents : on s'exprime dans des registres de langue différents.
- Le langage **familier** est utilisé en famille ou avec des amis.
    J'en ai marre !   **Ras la casquette !**   **Je suis super content.**
- Le langage **courant** s'emploie dans la vie de tous les jours avec des gens que l'on connaît moins bien ou avec les personnes d'une autre génération.
    J'en ai assez !   **Ça suffit !**   **Je suis très content.**
- Le langage **soutenu** s'emploie dans une rédaction ou dans une lettre importante.
    C'en est trop !   **Cela suffit !**   **Je suis extrêmement satisfait.**

Je m'exerce

1 Remplace l'expression familière surlignée par une expression en langage courant.

Il a eu une de ces pétoches.
_____

Au contrôle, j'ai cartonné !
_____

Aujourd'hui, tu bosses.
_____

Il a acheté des fringues.
_____

2 Relie les mots de registre soutenu à leur synonyme dans le registre courant.

vociférer •   • prison
goguenard •   • s'évanouir
fabuler   •   • crier
geôle   •   • moqueur
exhumer   •   • inventer
se pâmer   •   • déterrer

3 Complète le tableau avec les mots donnés.

casser les pieds   s'en aller   costaud   importuner   difficile   se retirer

Registre familier	Registre courant	Registre soutenu
	embêter	
se tirer		
		laborieux

59 Jeux et tests d'orthographe

TEST

Coche la bonne proposition. Tu marques 1 point par réponse juste.

- Pour compléter « Ce n'est pas moi, ___ lui ! », on écrit :   ses ☐   ces ☐   c'est ☐
- Pour compléter « Ce ne sont pas ___ affaires. », on écrit :   ses ☐   ces ☐   c'est ☐
- Pour compléter « J'adore ___ couleurs-la ! », on écrit :   ses ☐   ces ☐   c'est ☐
- Pour compléter « Passez par ici et moi par ___ . », on écrit :   la ☐   là ☐   l'a ☐
- Pour compléter « Ma poupée, je ___ garde avec moi. », on écrit :   la ☐   là ☐   l'a ☐
- Pour compléter « Sa poésie, il ___ apprise. », on écrit :   la ☐   là ☐   l'a ☐
- Pour compléter « Tu ___ fait peur ! », on écrit :   ma ☐   m'as ☐   m'a ☐
- Pour compléter « Heureusement ___ est venue ! », on écrit :   quel ☐   quelle ☐   qu'elle ☐
- Pour compléter « Ah mais ___ horreur ! », on écrit :   quel ☐   quelle ☐   qu'elle ☐
- Pour compléter « Dis-moi ___ est ton plat préféré. », on écrit :   quel ☐   quelle ☐   qu'elle ☐

TOTAL : ...... /10

1 Animaux croisés.

Jeux et tests sur les mots — 60

TEST

Coche la bonne proposition. Tu marques 1 point par réponse juste.

- Dans un dictionnaire, on peut trouver le genre d'un nom : vrai ☐ faux ☐
- Le sens d'un mot dépend parfois du contexte : vrai ☐ faux ☐
- Dans « Je n'ai plus de tête ! », le mot **tête** est utilisé au sens propre : vrai ☐ faux ☐
- Les mots **sol** et **sole** sont des : homonymes ☐ synonymes ☐
- Les mots **minuscule** et **microscopique** sont des : homonymes ☐ synonymes ☐
- Les mots **soleil** et **solaire** font partie de la même famille : vrai ☐ faux ☐
- Les mots qui se prononcent de la même façon sont des : homonymes ☐ synonymes ☐
- Quand un mot a un préfixe, celui-ci est situé avant le radical : vrai ☐ faux ☐
- On peut construire le contraire du mot **connu** en lui ajoutant : un préfixe ☐ un suffixe ☐
- Deux mots de sens contraire sont des : antonymes ☐ synonymes ☐

TOTAL : ...... /10

1 Charade en images.

Radical commun : _____

C'est **mon premier.**

Radical commun : _____

C'est **mon second.**

Mon troisième est ce qu'on utilise pour jouer.

Mon tout est la récolte du raisin à la fin de l'été.

_____

2 Rébus.

_____

 Évaluation

Fiche	Résultat	Fiche	Résultat	Fiche	Résultat
1	☺ 😐 ☹	21	☺ 😐 ☹	41	☺ 😐 ☹
2	☺ 😐 ☹	22	☺ 😐 ☹	42	☺ 😐 ☹
3	☺ 😐 ☹	23	…… /10	43	☺ 😐 ☹
4	☺ 😐 ☹	24	☺ 😐 ☹	44	☺ 😐 ☹
5	☺ 😐 ☹	25	☺ 😐 ☹	45	…… /8
6	☺ 😐 ☹	26	☺ 😐 ☹	46	…… /8
7	☺ 😐 ☹	27	☺ 😐 ☹	47	☺ 😐 ☹
8	☺ 😐 ☹	28	☺ 😐 ☹	48	☺ 😐 ☹
9	☺ 😐 ☹	29	☺ 😐 ☹	49	☺ 😐 ☹
10	☺ 😐 ☹	30	☺ 😐 ☹	50	☺ 😐 ☹
11	☺ 😐 ☹	31	☺ 😐 ☹	51	☺ 😐 ☹
12	☺ 😐 ☹	32	☺ 😐 ☹	52	☺ 😐 ☹
13	☺ 😐 ☹	33	…… /10	53	☺ 😐 ☹
14	☺ 😐 ☹	34	☺ 😐 ☹	54	☺ 😐 ☹
15	☺ 😐 ☹	35	☺ 😐 ☹	55	☺ 😐 ☹
16	☺ 😐 ☹	36	☺ 😐 ☹	56	☺ 😐 ☹
17	☺ 😐 ☹	37	☺ 😐 ☹	57	☺ 😐 ☹
18	☺ 😐 ☹	38	☺ 😐 ☹	58	☺ 😐 ☹
19	☺ 😐 ☹	39	☺ 😐 ☹	59	…… /10
20	☺ 😐 ☹	40	☺ 😐 ☹	60	…… /10

Nombre total de ☺ : _____   **Nombre total de** 😐 : _____

Nombre total de ☹ : _____   **Nombre total de points :** _____/ 56

Achevé d'imprimer chez Bona à Turin - Italie
Dépôt légal n° 53194 - Mai 2005